我們這一伙人

辛鬱 著

交情老更親
——序《我們這一伙人》

◎封德屏

那天，辛鬱在兒子為他舉辦的「八十大壽」壽宴中，酒過三巡，舉杯高歌了幾曲小調。聽過無數次辛鬱唱小調，但那天他兩度上台的歌聲及表情，都清楚地告訴我們，他的確是開心極了。

今年辛鬱「才」滿八十，這個「才」字是比較出來的，比起這本集子裡的這一伙詩人們，除了許世旭，多多少少都長他幾歲，他真是名副其實的老弟。但這個老弟，卻一點也不含糊，多才多藝，個性開朗中不乏細緻。辛鬱十六歲離家，比起第一代來台的資深作家來說，年齡是小了一截。但大時代的考驗，戰爭的洗禮，顛沛流離之苦，同樣的也毫無選擇的跟隨著他。

辛鬱和一般純創作的作家不同，他關心社會現實，而且以滿腔熱情去實踐他的想法。詩的創作，原本是他抒發軍中苦悶生活的窗口，卻也是在軍中，他得以結識日後終身相濡以沫的詩人朋友。寫詩的「林口幫」，與趙老大（趙玉明）、張拓蕪、楚戈的相識相交，一直到另闢蹊徑，長官尼洛也暗中相挺、第一個來訪者商禽命名的「同溫層」，難忘的紅燒五花肉，骨頭蘿蔔湯，幾個詩友的互相砥礪及無形中的競賽，這是他最最珍惜的歲月及友誼。

民國五十六、五十七年，他與秦松辦了兩屆現代藝術季，也舉辦過現代詩畫展。這在當時都是一種新的嘗試與實驗，他希望藉著文學與藝術的結合，使創作者能走出自己的面貌。辛鬱創作和工作的顛峰，應該是在民國五十六年到五十八年，以及以後的七、八年間。除了詩的創作推廣外，他還參與《科學月刊》的工作，又擔任《人與社會》的主編，為華視寫劇本，還和幾位朋友合資創辦了「十月」出版社，忙碌的生活與創作，詩人說他從不放棄自己對社會的有限貢獻。洛夫曾譽辛鬱的詩為「冰河下的暖流」，冷冷的詩句隱藏的是熱切的生命燃燒。

在《文訊》從事媒體編輯工作，不知怎麼的，自然而然和這一伙詩人往來最密，我想是他們的熱情及彼此之間的友誼吸引了我吧！一次，在羅斯福路的天然臺湘菜館，他們一伙小聚，我也去了，張拓蕪、商禽、楚戈、張默、向明、管管、碧果、辛鬱。看著已不能正常進食的楚戈，仍露出愉快的笑容，看著張拓蕪拄著枴杖奮力走上二樓，看著有些虛弱的商禽早就坐定，辛鬱忙著點菜，張默的大嗓門不知道在說著什麼……，我突然鼻酸，一陣感動湧上心頭，想想這些二十來歲就混在一起的朋友，在近一甲子的歲月後，還能共聚一堂，他們共有的情誼及共度的苦難，創作道路上彼此扶持、競爭，甚至擁有許多不足以對外人道的小祕密……，如果能記錄下來，那該多好？

於是我就找上他們這伙最年輕的辛鬱，隨和、豁達的他，和大伙相處的都不錯。於是把我的想法和他商量。好在這幾年，辛鬱的孩子大了，《科學月刊》的工作也可以告一段落了，創作的壓力也少了，正是可以和老友「何當共剪西窗燭，卻話巴山夜雨時」的悠閒時刻。雖然近年來，老友一個個凋零，讓他有說不出來的傷感。為了記錄、懷念在患難與共的年代裡，共同創作，互相勉勵，甚至共度苦難的點點滴滴，於是辛鬱答應了我的約稿，提起筆來，開始了「我們這一伙人」專欄的撰寫。

從二〇〇八年三月開始，首先上場的是羊令野〈那個叫花的男人〉，把羊令野的嚴肅、寬厚、含蓄、深情，寫得活靈活現，接著是大荒、彭邦楨、彩羽、尼洛、劉菲、秦松、梅新、沙牧、姜穆……，因不同的交情而有不同的寫法，但因所述作家都已過世，讀著讀著，總有一股悲涼的感覺湧上心頭。寫到趙玉明、管管、魯蛟，筆調就輕快幽默多了。但一期寫一個人，像是與時間競賽、與命運搏鬥，二〇一〇年元月寫了商禽，當年六月商禽過世，七月許世旭過世。許世旭最年輕，本來放在最後面，誰知造化弄人，許多遺憾，不是命運兩個字可解的。

整整兩年八個月，辛鬱寫了三十個作家，加上他自己的一篇自述，總共介紹了三十一位作家，這些作家和他都有半個世紀以上的交情與往來。我十分珍惜這種文人寫文人的方式，也許其中多少帶有他主觀的敘述，但是又何妨？我們獲得的是更多冰冷材料之外的真實史料，以及他們彼此間的溫暖。細讀這三十一篇文章，無疑是一部一九四九年來台作家的創作及生活紀錄史，所以彌足珍貴。

感謝辛鬱，感謝這一伙可愛的詩人們，因為有你們熱情的付出，文學的爝火才能永不熄滅。

目次

彭邦楨

籍貫湖北黃陂，1919年8月21日生於漢口市，1949年隨軍來台，2003年3月19日辭世，享年84歲。成都陸軍官校十六期畢業，巴基斯坦自由大學榮譽文學博士。曾任高雄、左營軍中廣播電台台長、研究室主任，高雄市記者公會、中國文藝協會等常務理事，美國世界詩人資料中心主席。曾協助紀弦出版《詩誌》、復辦《現代詩》，協助覃子豪編輯《詩葉》且復編《新詩週刊》。1969年自軍中退役，參與羅行、辛鬱等創辦「十月出版社」，同時與羊令野、洛夫等籌組「詩宗社」。1975年赴美。1992年與方思、尹玲、宋穎豪等人創辦《詩象》詩刊。曾獲菲律賓桂冠詩人獎。著有論述《詩的鑑賞》；詩集《載著歌的船》、《花叫》、《巴黎意象之書》；散文《情感散記》、《虛空與自我》；合集《彭邦楨自選集》、《彭邦楨文集》等。

向晚時光亮燦燦
——速寫詩人彭邦楨

我一直記得，詩人彭邦楨意氣風發、雙手高舉，以他特殊的顫音朗誦代表作〈花叫〉的神情，然而他去世已五年了。在構思這篇短文時，腦海裡迴盪的都是邦楨先生的身影，他那被時間雕刀深深刻劃的臉，每一道深痕都潛在一首詩；他是在台灣老一輩詩人中極少見的抒寫浪漫情懷的高手之一。

被視為有特殊表現的詩人邦楨先生，常懷赤子之心，對世間事物與自然界一靜一動，均悉心觀照，引為寫作資材。他的「特殊」，首先是詩意別具新境、韻律精準、節奏鏗鏘、文藻辭麗，擅長十四行體，善於處理長句，作品常流露一種幻異的、綺想的、超脫與醉人的浪漫氣息，但又不失現實情境的真切。我常想，他的異國夫人梅茵女士，一定是感於邦楨先生詩作的魅力而委身相守。

其次，當然是他那特殊的朗誦技巧。初聽時，或許會讓人因太突兀而甚難接受，特別是拖長的顫音與高舉又高舉的手勢。接著，感覺耳膜震動中那顫音似乎揮發某種溫熱，而開始容納、接受，終於發現朗誦者正把全部感情投入，幾乎到了爆炸的臨界點，他——詩人彭邦楨是用全生命傳述最深最純的心意。

末了，因為一股最深最純的心意，邦楨先生常常把愛獻出，而未能適度回收，這樣的「苦了自己」，使他有一段歲月，陷於悲甚於喜而未達悲喜交集的境況。他的詩受此一境況影響，部分作品便成為宣洩心意的管道，而顯現特殊的風貌。

真性情與人相待

邦楨先生有豐富的人生閱歷，早歲從軍報國，為黃埔軍校十六期高材生，畢業後分發後勤單位，並隨遠征軍轉戰緬甸，後來因稍具英語會話能力，調任外事單位，為援助我國抗日的美軍多所服務，由聯絡官而某單位行政主管。工作雖然繁重，但甚單純安定，他利用工作餘暇開始寫作，從此成為終身職志。到台灣之後，轉任軍中文宣工作，民國四十年代中期，曾以左營軍中廣播電台台長身分，作為洛夫、瘂弦、郝肇嘉、歸來等文友的長官。他曾說：「洛夫先來，瘂弦後到，他們一到電台，我一眼就看出他們一定會成為詩壇名家。」所以對這兩位部下十分照顧。但也有些閒話，說什麼「縱容」這兩位未來的詩壇名家，邦楨先生不加理會。

在左營，彭邦楨另有一得意事，即曾與一位著名女作家，亦是風姿綽約的美女相擁一舞；在台長辦公桌一角，還擺著一張合照為證。

五十年代北調，官升一級，當上總隊的什麼主任。公餘寫作，詩與散文常在各報刊登載，可說是順心暢意，過了一段快活日子，其時兩位前輩詩人紀弦與覃子豪的「論戰」初歇，間有未熄餘火，邦楨先生與紀、覃兩位都有往來，就義不容辭的充任和事佬。我就是在紀弦前輩家與邦楨先生相識，那天還有羅行在座，因為年齡相近，我先與羅行交上朋友。而與彭邦楨結交，則在覃先生臥病，我奉召到台大醫院，擔任照護工作之後。

難以忘懷癩蛤蟆經驗

覃先生病得不輕，詩人們都很憂心，邦楨先生幾乎每天到醫院探望，他還召集一批「青年軍」，包括商禽、楚戈、瘂弦、洛夫、管管、陳金池與我，大家輪值照護，我還兼任一項工作，到覃先生居家取物或幫助房東煎藥。這藥是無奈之下給病者服用的，藥材包括帶殼高粱米與活癩蛤蟆。帶殼高粱米由鍾鼎文先生透過菸酒公賣局某先生，差我到嘉義市內一倉庫買來，活的癩蛤蟆怎麼辦呢？一天吃罷晚飯，彭邦楨提著一只竹筐拿著一支手電筒來到，我在值班，他一進門就說：「辛鬱，去跟護士小姐打個招呼，我們到台灣大學校園抓癩蛤蟆去！」

這還是我第一次跨進心嚮往之的台大校園，其時靠近新生南路三段那一大片地，都猶待開發。六月初，草深地濕，我們捲起褲管，躡步緩行，原以為癩蛤蟆不好抓，又怕根本沒有癩蛤蟆，哪知道手電筒一照，牠就呆在當地，一伸手就輕易逮著，而且，數目還真不少。我們不到一小時就逮著十四隻，彭先生高興的說：「大豐收！」

把癩蛤蟆宰殺洗淨，與帶殼高粱米同鍋蒸煮，稀爛後取出餵雞，餵食多次後，將雞宰殺燉湯，病者喝湯療病。這當然是一偏方，但初時我們深信它的療效，等到病者喝湯六、七回未見好轉，我們才放了癩蛤蟆一馬。如今想來，當時實在愚蠢。我記得，抓癩蛤蟆一事，邦楨先生與我至少幹過六次，其中有兩次還到了政大校園。

那時我在台北縣林口，到台大醫院得搭公路局班車，車次不多，所以多次趕不回部隊，就在病房打地鋪，邦楨先生每次都一再叮嚀：「辛鬱，你被子要蓋好。」有時他陪我坐在走廊下，以覃先生為話題，談詩或家庭生活，不免為覃先生

1975年夏天，詩人們在一家餐廳相聚。坐者左起：彭邦楨、羊令野、楊牧、商禽，立者左起：洛夫、羅門、張默、葉維廉、瘂弦、碧果、辛鬱。

1984年秋，無名氏邀請詩友小聚。左起：張默、洛夫、管管、無名氏、辛鬱、張堃、葉維廉、向明、碧果、彭邦楨（那天的主客）。

感嘆一番，語氣中似乎也為自己某方面的不足稍有自怨，後來我聽說他的婚姻有變。

曾經困頓於感情街頭

邦楨先生有三次婚姻紀錄，第一次在抗戰末期，後因內戰而分散。第二次在台灣則因細故而分手。第三次幸福美滿，從一九七五年到二〇〇三年，異國詩人梅茵女士給予他多方面的照顧，讓他飽嘗二十九年溫暖的家庭生活，並且，遊遍了世界各地，結交了多位異國詩友。他的詩，當然也寫得更為精采。

在第二、三次婚姻之間，邦楨先生是落寞的，全賴一群文友的熱情，他忍受病痛與失婚的難堪活下來。文友中，司馬中原陪他下棋調息身心，羊令野、于還素陪他品茗、聊天吃小館。他甚至沒有住處，經司馬中原安排，暫時借宿「華欣文化事業中心」，常常形隻身單，在新生南路與仁愛路口一帶踱步。「作家咖啡屋」與「國軍文藝活動中心」成為他的落腳處，有一天終於病倒「作家咖啡屋」三樓，大量吐血，送醫急救，經診斷為肺癆。病癒，恢復往常生活，並已能逐步擺脫失婚的陰霾，而與朋友們談詩論藝，宋穎豪從金門歸來，常到文藝中心與邦楨先生研討十四行詩，他生命中的春天似已遙遙在望。

一九七三年「世界詩人大會」第二屆年會，經鍾鼎文先生籌劃奔走，在台北市圓山大飯店召開。彭邦楨協助籌組「中華民國詩人代表團」，募到一筆經費，得以順利組成。會期內，他盡力費心，讓活動達於高潮，熱情不僅散發在本國詩人身上，也溫暖了多位異國詩人的心，其中一位就是美國非裔詩人梅茵女士。

邦楨先生得以福至心靈、時來運轉，全在於一只斷了跟的高跟鞋。

不只是一只高跟鞋

那天，臨近晚餐時分，在詩人大會會場，足蹬高跟鞋的梅茵女士，在人群中，不知怎麼身子一彎，糟糕！一只高跟鞋斷了跟。這狀況被彭邦楨看見，他的熱情促使自己一個箭步竄向梅茵身旁，雖然梅茵傾側的身子已有別人扶住，他仍然伸出手去幫忙，攙扶梅茵在近處的沙發坐定，然後，又在周圍眾人不知如何是好的情形下，加倍熱心的自告奮勇，拿起那只斷跟的鞋子去找修鞋師傅。

這行為代表了一個紳士型單身漢的千言萬語，備使還有點不知所措的梅茵女士感動，不必多費唇舌，情意已埋入心田。

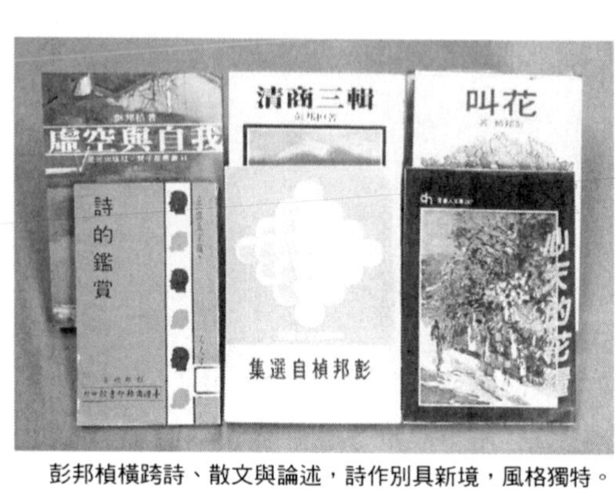

彭邦楨橫跨詩、散文與論述，詩作別具新境，風格獨特。

於是，兩人的晚春生命滿開鮮花。經由一段時日的書信交往，美妙生動的情詩一首又一首互傳，在梅茵二十四首，彭邦楨十二首外加一篇文章，這麼綿綿不絕的情意吐露之後，彭邦楨在一九七五年二月初，只買一張單程機票直飛紐約，當月二十六日，彭邦楨與梅茵‧黛麗兒在親友祝福與詩的讚頌下，共締連理。

婚後周遊世界，連袂參加每一次世界詩人大會，也多次返台，與老友相聚。

一九九一年他以昔日軍人生涯的月退俸，邀尹玲、宋穎豪籌辦《詩象》叢刊，以非常獨特的編輯方式問世，共辦了五期，因發行不廣，少為人知，而在不捨的心情下宣告停辦。在此期間，出版詩集多種，並由武漢出版《彭邦楨文集》共四冊，其中〈月之故鄉〉一詩在大陸傳誦一時。

邦楨先生於二〇〇三年三月病故，朋友們除為他辦追思朗誦會，亦受梅茵女士之託，辦「彭邦楨詩獎」共三次，第四次為出版梅茵女士與彭邦楨詩作合集，留作一個美好而永久的紀念。

（原發表於二〇〇八年五月《文訊》二七一期）

羊令野

本名黃仲琮，另有筆名必也正、田犁等，籍貫安徽涇縣，1923年1月20日生，1994年10月4日辭世。政戰學校研究班第十期畢業，曾主持軍中《前進報》，任國軍戰鬥文藝工作隊詩歌隊隊長、《臺灣畫刊》社長，並曾主編《詩陣地》、《商工日報・南北笛詩刊》、《青年戰士報・詩隊伍》，《現代詩》復刊後任首任社長。著有詩集《血的告示》、《貝葉》、《羊令野自選集》；散文《必也正雜文集》、《千手千眼》、《見山見水集》、《回首叫雲飛起》等。

那個「叫花的男人」

——速寫已故詩人羊令野

〈屋頂之樹〉，這首已故詩人羊令野的作品，在二〇〇七年底北京舉辦的「跨年晚會」上，經由名家朗誦，傳達到全世界許多黃帝子孫的心坎。這首詩是詩人內心的深切表白，一個孤高生命的自我寫照；全詩二十行，概分四節，其末節寫道：

乃如我的額髮一樣孤獨的
無花　無果
一種不屬於土壤之植物

在現實生活場域，我所認識與理解的羊令野，時常在人們不意間，流露並呈現這種生命情態。他看似一個愛熱鬧的人，喜歡與朋友品茗聚談，吃吃小館子，打幾圈麻將，實際上，那只是一種掩飾，藉以排遣寂寞、消除心中突然浮起的孤獨感。

他似乎喜歡與古人——特別是詩人交會，傾心細訴綿綿滋生的戀舊情緒，所以作品中典麗的用語，彷彿淵明先生、東坡居士、詩仙、詩聖等就在他的身旁，他正在娓娓傾吐。有時他亦給人「坐禪」、「入定」之感，在作品中不食人間煙火而自我渡化為一景一物，或虛或實，皆入妙境。

從這個認知角度契入，我終於略為了悟，為什麼羊令野自號為「叫花的男人」。

以詩結緣

拜識羊令野在四十八年前（一九六〇年）嘉義市一間取名「六春」的茶館，他是陸軍中校，職司軍報社長，我是陸軍准尉文書，所謂兵頭將尾不叫官，但由於都耍筆桿，以詩結緣，竟然不必敬禮報告等等官式而只握一下手就締交了。

不記得那天下午三個小時談了些什麼，只覺得他香菸抽得太兇，燻得人受不了，告別時，他叮囑我：「下個禮拜把詩稿帶來。」

他那時編《南北笛》詩刊，在嘉義市發行的《商工日報》上，好像是雙週一次，半版篇幅。

相處久了，慢慢發現他對我沒有架子，對他的直屬部下，卻有點兇，開口很官味；後來證實（不少詩友都有同感）他的確有點官架子。

在嘉義時，我可以體會到羊令野的快樂。他在「六春」有固定的位置，老闆娘與伙計都對這位貴客十分尊重。有一段時間，包括農曆五月初五端陽節，寫詩的朋友一批批北上南下，一定到嘉義市拜碼頭，我碰上的就有瘂弦、洛夫、張默、葉泥、商禽、楚戈等，沒能碰面的有紀弦、覃子豪、彭邦楨、李莎等，都是詩界俊彥。羊令野對來客一一熱情接待，還有人留宿，花費不小，我從未分擔過。

曾經滄海

「令公」（這是我們後來對羊令野的尊稱）那時早已到適婚年齡，卻未見身邊有佳人相伴，有一天我冒昧問出口，他有點不悅，瞪眼蹙眉用另一種聲音說：「沒你的事！」什麼叫「沒你的事」？我愚魯不解，還沒有再開口，他連來三個「去」！去去去！羊令野有點惱怒，我趕緊閃身往廁所跑。很久之後，我才從側面聽說，「令公」有個女朋友，情誼匪淺，但女朋友忽地不知所終，她曾用「羚野」筆名寫過散文，「令公」來個拆字格，拿「羊令野」做了筆名，小記這一段情。

他另有一筆名「必也正」，以之寫雜感、小品與諷時勸世文章，溫柔有之、辛辣有之，一度非常叫座。

從嘉義北上，做了所謂「京官」，升上校之後的羊令野，最初工作繁忙，蝸居在衡陽街與博愛路交叉的一幢舊大樓。其時我亦調至台北市郊，常利用晚上約好商禽、楚戈、秦松等，到那舊稱「國貨大樓」的「令公」居所去叨擾，這才明白「卷牘勞頓」四字的意義；只見那二坪不到的地方到處堆著文書卷宗。

「恐怕會有一段時日讀不到他的作品，」我這麼憂心的自言自語，怎知那段時間他的作品不但寫得多，而且寫得好，寫得精！

1970年，攝於新莊國民小學。左起：張拓蕪、古月、辛鬱、李錫奇、許世旭、羊令野。

《面壁手記》、《千手千眼》、《見山見水集》，詩與散文專集次第出版，最具代表性的《回首叫雲飛起》散文集，也在不久後由東大圖書公司出版。

他同時擔任國軍文藝詩歌研究會召集人（初稱隊長），主編在《青年日報》每兩週刊出一次的「詩隊伍」專刊。民國六十五年領隊洛夫、羅門、張默、管管、楚戈、商禽、梅新、辛鬱、方心豫共十人，應韓國筆會邀請訪問漢城。一伙人走訪板門店、慶州等地，並與韓國詩壇元老徐廷柱會晤，某夜在女詩人金良植的家宴中，席間有曾攻讀兩個博士學位的詩學教授崔貴童女士，其雍容端莊深得眾賓客好感。我們這位平常對異性不甚動容的「令公」，似乎也愛慕之情湧動，開口向陪同我們赴宴的韓籍好友許世旭探問：「金府有沒有筆墨紙硯？」

眾人都知道「令公」寫得一手好字，舊詩詞方面尤富學養，又能即席撰句揮毫，聞言之下，均感歡欣。

於是，那夜的後半段節目，就全看「令公」大筆一揮，一張復一張的大書特書。一旁的主人金良植與崔貴童，均略具漢學修養，看得出神，許世旭則一面用中文讚美一面用韓文向兩位女士解釋。不知這是否使崔女士動容復動心，當羊令野把一幅字題署落款，經由許世旭傳譯，雙手遞送崔女士的那一瞬間，我們看到了崔女士臉上的嫣紅。

至此，我們的「令公」，在梅新、楚戈與方心豫的起鬨之下，也不免有些兒飄飄然矣！

然而好事難成，返台北後，偶爾在聚會時提及這一段，「令公」就會眉梢一緊，喝斥出聲：「你亂說什麼！」

其實，「令公」的顧慮是對的，國情不同，身世有別，復加語言不通，最終難有喜劇收場。

書藝與詩藝

「令公」曾與莊嚴、臺靜農、王壯為、汪中、戴蘭村（葉泥）、于還素等先生合組「忘年書會」，共研書藝，並舉行展覽，識者都稱道他的書法獨具風格，不因身材矮小而

1981年攝於中央廣播電台。前排左起：羊令野、瘂弦、向明，後排左起：管管、辛鬱、張默。

羊令野自撰送給辛鬱的五絕書法，辛鬱視為傳家寶。

受制，筆觸鋒銳，點捺勾勒皆見力道。但自士林遷居永和，「忘年書會」因多位書家逝世，形同解體，「令公」亦病於腳疾，心力不支，幾近封筆。

有一天，我買了幾樣江浙小菜去看望，一進門尚未坐定，他就遞給我一個卷軸，說：

「一個月前為你寫的，回家再看。」

我喜出望外，回家與家人一同欣賞。

「琴弄錢江潮，酒釀慈谿水，四明雲樹深，可以隱高士。」寫我家鄉勝景，真是意深情重；這幅自撰五絕，我視為傳家之寶。

「令公」待我甚厚，但我因工作繁忙，不能常與他見面。好在，他有多位可以說知心話的朋友，常在中華路國軍文藝中心聚談，一杯清茗，消磨一個下午。然後到「三友」或「開開看」點幾味江浙小菜，看黃昏街景，聊少壯舊事，偶爾小酌，則選在湘菜館「曲園」，少不了一盤豆瓣鯉魚，這時餐桌旁，總會多出大荒、張默、我。

羊令野舊學涵養豐富，盡顯於作品。

這幾位朋友被我們尊為「後三老」，他們是于還素、彭邦楨加「令公」。多一「後」字，因為在詩壇尚有「三老」，他們是早逝的覃子豪先生，與生命力旺盛的活神仙紀弦與鍾鼎文先生。如今，「後三老」一一去世，遙想昔日光景，不免黯然神傷。

羊令野本名黃仲琮，民國十二年出生於安徽省涇縣一個中產家庭。幼年受命下田鋤耕，養成勤儉品性，讀書新舊學兼及，過目不忘，一生受用。抗戰後期從軍，三十一年軍旅生活，從少尉幹到上校。退役後筆耕度日，在永和不到二十坪空間的小屋安身，於民國八十三年十月四日辭世，享年七十二歲。十年後，朋友們為他編印遺著《叫花的男人》，並舉辦追思朗誦會。

總結羊令野一生創作，識者一致公認：「從傳統中燦然走出，汲取古典詩的精華，作為自身的滋養，羊令野深得箇中三昧，是故他詩的世界是隱祕的，也是開放的，是細緻的，也是遼闊的，他圍繞著那不絕如縷的音樂性而與時間一起飛翔。」

（原發表於二〇〇八年三月《文訊》二六九期）

尼洛

本名李明，籍貫江蘇東海，1926年10月10日生，1949年來台，1999年6月19日辭世。政工幹校第一期研究班結業，政治作戰學校畢業。曾任國防部播音總隊副總隊長、中華電視公司節目部主任、《文藝月刊》發行人兼社長、現代化研究社社長兼總編輯等。曾獲中山文藝獎、國軍文藝金像獎、金鼎獎、中國文藝協會文藝獎章等。著有小說《咆哮荒塚》、《近鄉情怯》、《吉他與心愫》、《尼洛自選集》、《山茶與露》；報導文學《紅蘿蔔》、《鎖口、鎖身、鎖不了心》（與古錚劍合著）；傳記《王昇——險夷原不滯胸中》等。

刻烙我心的永在記憶
——小說家尼洛造像

直率不虛矯的長官

作為李明先生（小說家尼洛）的部下，是幸運的。短短三年，有一年調往金門，一年在營外養病，真正接受他的領導不過一年，卻令我至今感念。

要是按照軍隊的正規編制，他還不是我的直屬長官。那時候，他是駐林口某單位的廣播中隊中校隊長，我是大隊部某科的准將文書（官不官，兵不兵，一種如今已取消的編階）。因為舞文弄墨了多年，被李長官賞識，把他所管轄的「光華廣播電台」幾個節目用稿，派給我寫。這一來，大隊部、電台兩頭跑，多了些稿費收入，剛好夠我每個星期天往台北跑，參與秦松、陳庭詩、李錫奇等人一起推展的「現代藝術活動」。李長官以為我在跟台北某位小姐談戀愛，還鼓勵我「加把勁」，並且，怕我錢不夠，總是在沙公館的週末手談會上，故意輸幾個錢。有時「放水」放得太明顯了，戰友楚戈、一夫、張拓蕪、宋建業、依穗（曾加入紀弦「現代派」，沙公館的男主人），就眾口齊聲：「喂，老大，你幹嘛獨厚辛鬱？」

於是乎，二十塊四圈，八圈四十塊，六個人均分，第二天到台北至少可吃一碗牛肉麵。

尼洛，我們這一伙「歪兵」的好長官——他自封「歪官」，有言：「只有我這歪官，帶你們這批歪兵。」

帶兵帶心，他不端架子，不動輒訓話，實在忍不住，看不下去，他會婉轉的請張三告訴李四——例如，楚戈跟我不參加朝會，他找一夫來說：「你們兩個，李老大要我轉告，一個星期參加一次朝會可不可以？也好在總隊長查問時能夠交差。」

他的小說寫得好，我們佩服，但是他似乎還不太明白我們寫「現代詩」到底在「玩」什麼？在手談會——麻將桌上，有時會冒出一句：

「袁寶（楚戈綽號），你的詩能不能透明一點？」

為文藝領域網開一面

他就是這麼直率，偶爾提點建議，但尊重部屬在藝文各領域裡暢心發揮。這在當時限制多多，規定繁瑣的大情勢下，無疑為我們網開一面；而尼洛，我們的好長官，暗地為我們擔當了責任。多年後，大家都在台北，難得見面卻彼此關心。有一回，梅新、商禽等成

1977年作家文友們經太魯閣上合歡山時合照，左五為尼洛，右五為辛鬱。

立「雕龍出版社」，偶然機遇下看到一整套《新月》月刊，一時心癢難忍，就以「雕龍」名義排印出版。結果問題來了：《新月》還未開禁。這兩位仁兄當時在「文化復興委員會」工作，這單位說「民間」不「民間」、「官方」不「官方」，但有其重要性。這麼一來，有人不知為何要對梅新、商禽過不去，打上小報告，還冠冕堂皇名之為「摘奸伏逆」。終於上面查了下來，兩位不免心慌，稍加思索，想到了尼洛。

尼洛了解情況後一肩承擔，與當時還佩帶上校肩領章的羊令野聯手作保，把這件事解除了「緊急狀態」；但是，《新月》全集不得發行，已發行的全面收回。

我個人也在民國五十七年，因為

與一群朋友辦「十月出版社」，翻印了《沈從文自傳》與《死屋手記》（均為禁書），遭有關單位查扣。追究下來，我是這套書主編，當時還有軍人身分，這一下糟了！有關單位要傳我問話，情急下請羊令野「解救」，令公深知事態嚴重，撥電話給尼洛，尼洛要我接聽，我剛說「報告長官」，他那頭加重語氣說：「別報告了，你的情況很嚴重，你知不知道？後天傳你問話，你就去，老老實實，清清楚楚把話說明白。承認做得不對，錯了，你願意把書全部銷毀，出版社退回執照，至於對你怎麼處分，你就說，願意接受處分。你聽明白嗎？現在把電話交給令公，我跟他商量細節。」

他們兩位商量的「細節」，內容若謎，如今兩位都已大去，我蒙兩位「解救」，已是刻烙我心的永在記憶。

以厚實身影庇護這輩人

回想林口時節，記憶裡的尼洛那高壯厚實的身影，恰似楚戈在一篇追念短文中所說：「……他高撐著一把白色大傘，庇護著我們這一群被時代的悲劇歪曲的人。在處處矯枉過正的時代，李明的無為，其實是一種有為。」

我在當他部屬的第三年，感染肺結核，大量吐血，醫官簽報送台中縣東勢軍方肺疾病患醫院。我從側面探知，那地方有去難回，決定抗命拒絕。尼洛、一夫、楚戈等都支持我申請在營房外租屋自行治療，並且幫助醫藥費。租屋離營門不到百公尺，他們幾位經常吃過晚飯散步時順道探病，問我可有短缺？小屋裡一床一桌一箱，光線極好，尼洛鼓勵我多寫，還加派一個十分鐘節目，每日一篇，讓我多些收入，寬心治病。

不久，一位黃中校接任廣播中隊長，尼洛調職台北，臨行特別託付黃中校，對我多所照顧。這時楚戈為了退伍住進桃園一所軍醫院，一夫（趙玉明）從馬祖回來調到台北「心廬」（一個特殊的臨設單位），拓蕪也想有所調遷（他已升為中尉），我呢？苦苦養病，在台北市圓環碰見一位怪醫，給我一帖處方，回林口後我按方調治，肺疾竟快速痊癒。我動一夫腦筋，請他把我弄到台北「心廬」，按說，我非官非兵，又無軍事學校或某類軍訓班資格，休想調進「心廬」，幸虧我在「光華廣播電台」寫的稿子幾乎與身體等高（所謂「著作等身」也），一夫兄為我說盡好話，終於獲得「心廬」負責人曹先生點頭。這，我除高喊：台北我來也！更衷心感激尼洛當初的「識人之能」，與一夫老大哥的「成人之美」。

嚴肅外貌下的溫熱人情

在台北，活動空間擴大，尼洛、一夫、楚戈與我，差不多在半年之內，都經朱橋的「遊說」，參與「青年寫作協會」各種藝文活動，並為《幼獅文藝》寫稿。記得某夜在某處，燈火通明，嘉賓雲集，「青年寫作協會」舉辦的「尼洛之夜」，開風氣之先，為褒獎尼洛的寫作成就，熱熱鬧鬧的辦起來。各項精心設計的新穎慶賀節目，令許多人大開眼

1980年代，梨山留影。左起：蔡伯武、尼洛、尹雪曼、辛鬱。

界。我自告奮勇上台高歌一曲，唱的是民謠〈一根扁擔〉；我說是專為祝賀李長官，並表達長期受益的感激之情。唱罷竟獲滿堂彩；而這也是我第一次在眾人面前引吭高歌。

知道我可以唱幾曲的尼洛，在接任「青年寫作協會」值年理事之後，其時我亦忝為理事，每次開會後小飲聚餐，酒過三巡，他總會假意醉倒，歪脖子掏耳朵，我立即會意，站起身獻唱一曲。這時候，平常看來嚴肅的尼洛，也會單掌桌面打拍子，跟著哼起來。協會祕書長林燿德、理事司馬中原、管管等幾位，也一一登場，我們這些中年漢子（除掉林燿德）竟都變成「青年」了。

但這都在尼洛擺脫中華電視台節目部主任一職之後。他進華視，有理想有作為，但一旦商業掛帥，就得煞費周章，在不甘曲從的狀況下苦苦經歷。不管怎麼樣難以施展，華視開創的最初階段，製作的戲劇節目，不論國、台語，都有高水準、高收視率。我曾獲邀加入編制外戲劇組，在趙琦彬的指導下，與何曉鐘、王曉寒、張拓蕪等多位行家合寫《男子漢》、《呂四娘》等連續劇，解決了因為「十月出版社」被吊照，退伍金耗光而陷入困境的半年生活。而且，我退伍後租用的房子，還是尼洛原住的；這裡半年後成為《科學月刊》的創辦處。

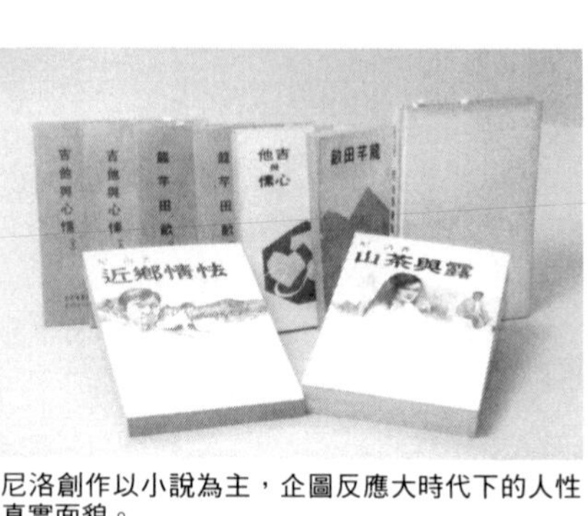

尼洛創作以小說為主，企圖反應大時代下的人性真實面貌。

離開華視後尼洛負責《文藝月刊》的革新，再出發的責任重大，他找來一夫、姜穆等高手，後來又找俞允平（疾夫）。居然從虧損狀態扭轉，發行量擴增，並且在杭州南路一條巷弄裡買下自有的辦公室。我當然也分享成果，在那時期的《文藝月刊》上，以「讀詩隨筆」、「作家的故事」等專欄，每個月拿到一筆稿酬補貼家用。據疾夫告知，李老大特別交代，說：「辛鬱幫人辦《科學月刊》，拿的是半薪，他結了婚，又沒有月退俸，多照顧一下。」

僅僅三年從屬關係，竟蒙他多年來常常照顧，我除了盡量把作品寫好些，不搞怪，不故弄玄虛，實在無以為報。他大去前幾年，我們見面機會不多，每一見面，我總恭敬如昔，叫一聲：

「長官好！」

「少來。」他的回答。

「老大哥好！」我改口。

「這還差不多。」

這就是尼洛，了不起的小說家，實實在在的君子。

（原發表於二〇〇八年八月《文訊》二七四期）

彩羽

本名張恍，籍貫湖南長沙，1926年12月4日生，1949年前後來台，2006年5月29日辭世。曾在軍中服役多年。曾任《現代文藝》編委、《自由日報・晨鐘副刊》編輯，為「現代派」、「創世紀」詩社同仁。著有詩集《濁流溪畔》（與丁穎、方良、帆影合著）、《上升的時間》、《不一樣的溶雪》；散文《捕虹的天梯》、《雪》等。

安貧守道，唯詩是從

——略說我對彩羽的一點認識

在同溫層彼此取暖

「只差／半炷香時辰／這人／閉起眼睛／嚥氣／小窗正對東方／一道晨光射進來……」

這是我唯一一次，拿一首剛草成的詩作，給前來探病的朋友看。哪裡知道他一伸手奪去稿紙，「嘶，嘶」兩下子，撕了那張稿紙，沉聲說：「狗屁！」

這位朋友是我一向尊重的湖南漢子——彩羽。

當時我驚駭無言，愣在他身邊。這老兄即刻改換口氣，把撕成四片的稿紙丟在地上，然後按住我左肩頭說：

「別那麼喪氣，我看你還好端端的，竟寫這種詩！」

這事情發生在四十四年前，我患嚴重肺結核，在服務單位外面租一間一坪半的小屋治療。彩羽得知，從湖口提著一簞八斤重的雞蛋前來探病。那天清明方過，我心情消沉，寫了那幾行詩；而現實狀況是，一早有雨，彩羽來的時候，雨勢已小了一些，但他卻已半身濕透。

他一進門看見我骨瘦如柴，氣色極差，而自己又淋了雨，所以一看我那幾行詩，不免有氣。我明白他是為我著想，一時卻不知如何應對。幸而他問起我的病情，我據實相告，這才緩和了現場氣氛。

我們談了片刻，他忽然問道：「你怎麼不在『同溫層』養病？」

「同溫層」是一間十坪左右的樓房，在林口竹林山寺附近。取這三個字為斗室命名，是接受商禽的建議，他引用了瘂弦的一個說法：我們這伙人彼此以體溫取暖。

房子隔成兩間，一間約八坪，放兩張書桌一張竹床，一間二坪，為茶水間，有客人來，兼作廚房。租金不高，由一夫、楚戈、張拓蕪與我四人分攤。

租用一年不到，文友來了不少。彩羽曾與大荒同來，吃過一頓餃子，他很喜歡小樓的採光與窗外景色，所以有這麼一問。

「一夫與拓蕪去了馬祖，」我回答說：「楚戈在桃園醫院掛病號，同溫層退租已半年多。」

他沒再說什麼，環顧小屋一周，起身告別。

「你養病缺錢用，」在門口，他誠摯的說：「我和大荒都能幫點小忙。」

這番話，至今仍在我耳腔滾燙。

瀟灑拓落的鐵錚錚漢子

彩羽，直腸子的楚人，抬起槓來氣勢洶洶，卻也是一個充滿溫情的兄弟。跟彩羽走得不算很近，但也是無話不說的朋友。我們初識在「現代派」成立那一天，彼此都是軍人，都在野戰部隊，彩羽是官我是兵。

2001年6月，攝影家柯錫杰為詩人們造影，其後聚餐合影。左起：管管、彩羽、辛鬱、張騰蛟、張默。

那時候，我已讀過他一些散文，文筆秀氣，也可以說是過分「文藝腔」——這是我們這一伙人初出道時的通病——我感覺有那麼一點肉麻。

早年，見面機會雖少，但一直保持聯繫，並且互相寄贈新作，偶爾寫長信，免掉客套話，都是單刀直入，指出彼此作品中用字遣句的不慎。我略知他凡事固執，總是委婉道出某些不解或疑惑，他倒是非常爽快的「一語道破」；對我調整結構，修飾文句，有很多助益。

他那時寫詩以外，散文創作十分豐盛，作品常在《中央日報》、《中華日報》、《中國時報》、《臺灣新聞報》、《臺灣日報》等副刊園地發表，識者都認為「彩羽致力於純粹的追求，寫意、寫情、寫形、寫實，也寫自己生命的千姿百態，無限貌相，每多佳構。」

有一段時期，他被稱為「曝曬自己生命的浪子」，用寫詩與散文，作為揮霍自己感情的手段。每回朋友相聚，總聽見他縱聲大笑，高談闊論，那番自得中隱含的自悲、自憐之情，皆發自內心，毫不矯枉做作。

這真是一位鐵錚錚的漢子，一高興起來，特別是三杯下肚，酒氣上沖，就會放聲高歌，京戲也罷，藝術歌曲也罷，他那一口湖南腔，總能令人笑絕。

生命中最最珍貴的部分

他還有一套功夫，就是廚藝。有一回在大荒家裡，高朋滿座，請彩羽主掌炊事，他二話不說，打開冰箱，看看有什麼料理。一看，哇哇大叫，高聲說：

「好傢伙！大荒，你打算請幾頓客？」

主人沒答腔，他把我叫了去：

「你來看看，辛鬱，這樣吧，今天你當二廚，選兩樣菜露一手。」

我不敢應命，慌忙說：「這樣吧，我當小弟，洗菜、端盤子。」

後來，商禽自抱奮勇，當了二廚。這頓飯，客人一個個酒足飯飽，當然，對兩位大師傅，無不讚美有加。

其實，在這頓飯之前，同樣在大荒家，我與彩羽已經交手過一次。那天客人較少，主人指定要彩羽燒蹄膀，我燒魚。在料理食材時，彩羽開了腔：「喂，老弟，我們來看看，誰的菜先盤底見天。」我說，兩種菜截然不同，怎麼比？彩羽堅持要比，結果，魚盤先見天，他老兄勉強服輸，卻說：「下一回你燒蹄膀我燒魚。」事實上，那天彩羽燒的蹄膀，酥軟入味，非常爽口，但蹄膀量大，自然盤底見天較慢。

他有所堅持，這是彩羽個性中的一大特色，由於這「堅持」，他無論幹什麼，都能夠安其分而不逾矩，創作遂也一以貫之，保持那份特色。

他退伍後，就業並不順利，在台中市租一小屋，收破爛，擺地攤，經營舊書店，一度幫出版社編書，當報紙副刊編輯，時間都不長久，只有「古今舊書坊」終身相伴。

記得他婚後有一次偕另一半北上，朋友們為他們慶賀，在莊敬路一家餐館席開兩桌，他在喝得滿臉通紅後說內心話：「結婚對我來說，早已是可遇而不可求，所以我非常珍惜，我要在各位老朋友面前，感謝雪梅願意委身於我，與我共同生活。今後，我生命中最最珍貴的，一是雪梅，一是古今舊書坊。」

說這段話的時候，他的獨子張驊還不知在哪裡。如今彩羽辭世雖已四年，我相信雪梅女士與張驊，一定會緊緊守護「古今舊書坊」。

少被揭露與挖掘的靈魂

彩羽自小打下深實的舊文學根基，所以作品常見典雅麗緻的氣氛。專業經營「古今舊書坊」以來，這一氣氛就更為細膩綿密。而且，性情上也常流露寬厚一面，不計較名利得失，安貧守道，唯詩是從，不失君子之朗朗，除了偶爾酒後，說話聲音會放大，會堅持己見，與他人抬上一槓，平日待人接物圓融親切，誠為一位可敬的老者。

在文學上，彩羽有自己的主張與所持的原則，這方面他雖然很少寫論述文字，但在好友相聚的場合，偶爾也會中肯的提出對當前文壇詩界的一些看法。他不習慣與那些長於高談闊談，然而言之無物的所謂「學者」相處，因此，不參與一些研討會或討論會或演講會；他自居局外，便難免會招來「孤傲」與

2005年11月，攝於台北市碧湖公園。左起：彩羽、龔華、管管、辛鬱、碧果、張默。

「驕慢」等等議論。

也許是身居台中的緣故，作為一個作品中有獨特表現的詩人，彩羽長期受到「孤獨」的煎煉。在現代詩界，他是一位優秀的詩人，但被忽視了，被漠然區隔於一隅。我能夠從與彩羽的接觸中，深刻體會他內心隱忍的悲愴——那為被漠視冷落的不服之感！所以，不僅是我，我相信多位朋友都會在彩羽酒後的言談裡，發現他心靈深處的激動！

彩羽晚年在書法上大有長進，也常與人下圍棋，且是高手，這些都成為他宣洩情緒的管道，也找到自我安慰與自我調適的妙方。

彩羽的詩作出版不多，然頗具個人詩風特色。

《創世紀》詩刊第一四八期（二〇〇六年九月），刊有「彩羽追思特輯」，張默在「編輯部按語」末段，提出一個嚴肅的呼籲，值得愛詩人深思：

「我們呼籲真正研究台灣現代詩的碩、博士生，不必老是在一些非常有名熟悉的詩人汗牛充棟的論文中打轉，你應該獨排眾議，開採新的探索空間，可能在彩羽及其同輩們的詩作中，覓得更多更特異的視點。」

（原發表於二〇〇八年六月《文訊》二七二期）

王璞

本名王傳璞，籍貫山東鄒平，1928年5月11日生，1949年來台。政治作戰學校新聞系畢業。曾任編譯、軍報記者及編輯，《勝利之光》畫刊編輯，《新文藝》月刊主編，新中國出版社總編輯、副社長，作家錄影傳記及一人藝文影庫創始人、製作人、發行人。曾獲文復會主編獎、優良雜誌特優獎、國家文藝基金會第二屆優良文藝雜誌獎。著有散文《木婚的旋律》、《最美的手》、《柏特先生》；小說《白色的愛》、《永恆的懺悔》、《一串項鍊》、《咖啡與同情》與《王璞自選集》等，以及《作家錄影傳記》。

在自己的鏡頭之外

——王璞其人其事

遙想當年初識時

那年，我是陸軍一個師級幕僚單位的上士文書，部隊駐營台北市六張犁，已接獲命令調防金門。其時我剛與王璞相識，他寫的詩語言明朗、意象鮮活，我十分喜歡，因此，在紀弦老師主辦的「現代派」成立大會上，我們十分投緣的交了朋友，並開始通信。

部隊調防的消息使我甚感苦惱，極想找幾位朋友做一番傾吐，王璞是其中一位。他那時是政戰學校新聞系的學生，學校在北投復興崗。在當時交通還不十分方便的年代，從六張犁到北投，得搭班次甚少的台北——淡水線公車，或新店——淡水線小火車。我選搭公車，在四月的某一天，興匆匆的帶了幾首不成熟的詩作，上路去找王璞（本名王傳璞）與他的同學也是詩人的王裕槐。

民國四十五年的軍事學校門禁森嚴，會客手續繁瑣；尤其是一個小小士官竟然也來會客。警衛室裡一位低階軍官一再口氣威嚴的詢問，進而盤問，等他得到明確的答覆，才認可我的身分，准許我進入營區。

校區面積真大，新聞系的教室讓我尋尋覓覓好一陣子才找到，不巧，上課鐘才敲響沒多久，我必須等到下課鐘響。

由於只見過王璞一面，儘管我在他上課教室外東張西望了十幾分鐘，卻看不到全教室幾十張臉中能通過腦海印證的那張臉——王璞的臉。後來見面握手時，王璞告訴我，我的臉一出現在窗口，他就認出我來；他——王璞的座位就在靠窗不遠處。

匆匆五十三年過去，我完全記不起那天同王璞與王裕槐談了些什麼，有沒有吐露心事？有沒有在他們的學生餐廳用午餐？只把我那幾首短詩的初稿，說了些「請批評請指教」的俗話，塞給了王璞。由於我去了金門，初期格於軍中保密規定，在外島不能洩露行跡，我們短期的交往暫告中止；我那幾首短詩未經王璞表達意見，就在紀弦老師主編的《現代詩》詩刊發表了。

堅持文學編輯應有的高度

與王璞再度交往，是在他主編《新文藝》月刊，經過許多不同的人生周折之後。他從詩壇暫告隱退，專攻小說，並獲得極高的評價，而我則已退伍，在文化出版界一直混跡至今，與王璞難得接觸，但他主編的《新文藝》月刊，倒是我的精神糧食之一。

《新文藝》經他接編，有了新氣象，以往的老調變成非常動人的新曲，採用的稿件均經王璞「認稿不認人」的原則篩選，水準大為提升，對軍中年輕一代文藝寫作者，起了極大的鼓舞作用。

王璞之所以「認稿不認人」嚴格把關，並且尊重作者，是因為早年出道未久，投稿給《文壇》月刊一個長篇小說，結果刊物主持人告訴王璞說，作品寫得好，並已獲獎；但王璞卻並未參加他的徵文，深感不受尊重之痛，而向《文壇》月刊索回該件作品。

他認為對作家尊重，是一個編輯人最基本的認知與態度，這樣才會有高水準的稿件，辦出高格調的刊物。在《新文藝》前後兩階段（中期由朱西甯和隱地任主編），曾多次獲獎，也因為對作家的尊重結交了許多朋友。

王璞和夫人在「作家錄影傳記發表會」上合影。

王璞個性直率，剛毅之外也帶些溫情，他曾在幾次文藝界人士聚會中，因為某人的言辭不當，起而發言，直指對方言談不當處。王璞說：不是有意給人難堪，他在大庭廣眾之下說錯話，說不該說的話，我不站出來說清楚，大家也不吭氣，這不就承認他的話對？不行，我得指出他的不對，這才是道理嘛！

朋友們都知道王璞的直率，願意同他來往，彼此知心。所以他家中才珍藏有許多位年長或年少朋友致贈的字畫，這其中有已故詩人書法家羊令野親撰並書的嵌名聯，字好意高，可說是嵌字聯中的名品。對聯寫於戊申年，距今四十三年了，寫的是：

傳家清白原如璞
淑世文章總屬卿

聯中「傳」、「璞」、「淑」、「卿」為王璞與太太的名字，對這對從事文化與教育事業幾十年，而不失志，且至今仍不放下的夫妻來說，真是最貼切也最具深意的褒揚。此外，他還珍藏著幾百位作家和畫家的幾千封信，以及作者簽名題款贈送他的一、兩千本著作和畫冊，看了真令人心動！

以影音為作家文人作傳

王璞的朋友當中，不少都是藝文領域高手，或是知名的學者專家，如唐德剛、陳奇祿、楊乃藩、無名氏、夏志清、張秀亞、紀弦、彭歌等。在交往中，他常常發現每一位朋友都有非常獨特的一面，不論言談的內涵、談說時的生動表情，或者沉默時的冷肅凝定，都值得把它保留下來。

怎樣保留這些可貴的形象呢？他左思右想，終於決定要以一架錄影機，來為作家、文人作傳。

王璞為作家錄影作傳，就在他說做就做的性格驅策下，從民國八十六年元旦開始——他一部一部，一個腳印跟著一個腳印，在台灣南北奔走，到美國紐約、洛杉磯、舊金山……身影從直挺到微微佝僂，步伐從快捷到漸漸遲緩。他像一個癡情人追求生命中最美好的事物，為這樁在文壇開風氣、創紀錄，而且極可能絕無僅有的美事，投注了全部心力和財力。直到如今，他得了小中風和帕金森氏症，行動略顯不便，還每天把自己侷限在工作室十來個小時，將已完成的作家錄影傳記，重新製作並拷貝，這不是一件簡單事。尤其他已高齡八十多歲，體力、視力都不如從前，每天不間斷的重複錄製，要不是他一貫秉持的「決心、恆心、毅力」這一信念，怎能辦到！

除了為作家以錄影作傳，王璞還同時提著他的錄影機，跑遍了各個藝文活動場所，把各種藝文活動的重要內涵錄影保存下來，總共有三百多場。他還有異地保存備份的觀念：在他的家中、郊區書房裡，和美國兒子家裡，分別各保有一份拷貝，以防萬一。他的計畫十分周到。現因病雖已退休，但由外勤改為內勤；為了提倡「全民錄影•保存文化」，將鞠躬盡瘁，死而後矣！令人讚嘆。

在錄製過程中，王璞對各個領域的作家，留下了許多極有意義的印象；這應是為這些作家寫文字傳記的最佳參考資料。我真切希望王璞能把這一串串珍貴的印象筆錄下來，轉化為一篇篇可感可讀可傳之後世的文章，再配合錄影傳記，豈不更為完美？也更形增加錄影傳記的意義與價值？而事實上，他已寫了十來萬字了。

王璞的作品顯見生活與文學的密切。

眼光遠、心胸寬的紀錄者

在王璞的工作室，整整齊齊擺著已錄製完成，或尚待轉錄的DVD光碟，數目太多了，我數不清，不得不向王璞找答案，他告訴我：

「前後十四年，全年無休，這屋裡放著的，是一百二十一部作家錄影傳記和藝文活動三百多部。令人感慨的是，已有四十九位傳主去世了。」

他微微一嘆，我心頭沉重。注目一部部錄影，不由地對我這位老友說了聲感謝。

王璞在錄影工作的安排上，保持一個原則，就是：「眼光遠，心胸寬」。他重視的是每一位上了年紀的作家，他們的創作歷程與作品，而不論這作家的背景。「不管政治立場！」也許會引起一些微詞，他不在乎！他說：「政治是一時的，文化是永久的。」

他這麼說，並未表露得意之色，以為自己做了一件多麼了不起的大事，而仍謙虛的，誠意的表白，要把做得不夠的地方補強，把每一位作家的個人風貌真實顯現。

讓我對他為作家做錄影傳記的種種，有了初步認識之後，他帶我看他的書房。在豐富的收藏中，可以發現他閱讀範圍的廣遠。這時，他又談到了主編《新文藝》月刊時期，他的編輯原則。他說，在民國五十五年他第一次編《新文藝》時，曾對上級主管表示，需要得到上級充分授權，決定稿件的取捨，特別是絕不用人情稿。上級稍有遲疑，他表示可以不幹主編，結果上級同意。第二次接編《新文藝》，上級主管已換人，他再次提出「審稿權」，新主管有些為難，經由堅持才勉強獲得主管同意。他說：《新文藝》雖然是公辦，而且又是軍方刊物，有一定程度的限制，這我一定會遵守，但一個主編如果沒有稿件取捨的權利，怎麼辨出這份刊物的格調來？他出過「女作家專輯」、「軍眷作家專輯」，以及「楊喚遺簡」等特別專欄，非常受歡迎！

在書房裡，王璞又讓我看到他作為一家之長與一位父親的特殊面貌；給我看了他為三個兒子從出生到成年過程中的一本本相片簿。他們竟然各有一套，每套有十幾本，還有一套全家福，生動、活潑而有趣！這些照片透現的愛，把一家人聚凝。

看著一張張照片上因時間流變而不同的貌相，我有些被時間壓縮得心驚膽跳，再一看王璞那張樸實又充滿愛意的臉，我幾乎失措了。急急向他告辭，匆匆投入市聲，心想：該怎樣來完好的，為一直站在鏡頭外的王璞造像。

（原發表於二〇〇九年六月《文訊》二八四期）

洛夫

本名莫洛夫，籍貫湖南衡陽，1928年5月11日生。淡江大學英文系畢業。曾任海軍編譯官、英文祕書、東吳大學講師、亞盟總會專門委員及中國華僑大學、廣西民族大學客座教授，1954年與張默、瘂弦創辦《創世紀》詩刊，並擔任總編輯，1969年發起組成「詩宗社」。現旅居加拿大溫哥華。曾獲中國時報敘事詩推薦獎、中山文藝創作獎、吳三連文藝獎、國家文藝獎等。著有論述《詩人之鏡》、《孤寂中的迴響》、《詩的邊緣》；詩集《石室之死亡》、《因為風的緣故》、《眾荷喧嘩》；散文《一朵午荷》、《雪樓隨筆》、《洛夫隨筆》等。

因為風的緣故
——速寫洛夫

也許，真的是「因為風的緣故」，洛夫的詩才顯得深具魔性，時而溫柔，時而剛烈，時而動，時而靜，多采多姿到極難制限。

風是沒有本質也是多本質的，科學技術或許可以測量風的級距與規模，但風的能量常常是超乎科學技術的監測；風，我喜歡，但它莫測的力量令我恐懼。詩中寫風多有人在，而洛夫的〈因為風的緣故〉，其內在的真性實情，是情詩中不可多得的極品。

詩語言的多度轉折與意象的綿密展現，是我多年閱讀洛夫作品所體現的——之所以產生「魔性」的一點心得。

絕非相對於「人性」或所謂「善性」，洛夫詩中「魔性」，甚至呈示一種更富「人意」或「人間性」的美感，所以耐讀。而且多次閱讀，會自然加重美感的質量。這種掌控文字，調適語言的能力，在詩界獨此一家。

在本文中，我除表達上述品味洛夫詩的淺見外，只想談談與他相識相知的（由日常生

林泠回台時與詩友相聚。坐者左起：張默、辛鬱、劉菲、管管，立者左起：季紅、洛夫、林泠、瘂弦、碧果。

左起：朱西甯、洛夫、盧克彰、心岱、方心豫合影。

活層面，到生命力的厚實）一些舊事。

獨鍾的癖性

湖南人，對臘肉似乎情有獨鍾，所以每次餐聚，他總點這道菜。酒量隨性，有時可與你對酌數盅白乾，有時卻滴酒不沾。如果喝到適量，他的話會悄悄多起來，而且，機智立見，常常一言逗樂，讓一桌人笑出聲。他看來有點嚴肅，卻常在大伙兒默寂之際，來上一段黃笑話，於是場面又「樂活」起來。在未戒菸之前，總抽「三五」或「肯脫」，菸從襯衫口袋掏出來，如果你伸手，他當然再掏一支讓你共享。我想，洛夫有很多飄渺幽微，境深意遠的小詩，大概都是在吸菸時刻，腦子裡飄飄忽忽，煙霧一樣吐露出來的。

一九五六年一月十五日，在台北市民眾活動中心，由前輩詩人紀弦發起成立「現代派」，在那個場合初識洛夫；他代表《創世紀》詩刊參加，在會中講了話。當時僅是點頭之交，因為他是軍官；我同沈甸一樣，見官避七分，但與楚戈、商禽、丁文智、秦松等，其中除秦松外，都是士官兵，所以一見就很投緣。這種癖性等我參加同年二月初，《創世紀》詩刊在左營中學，舉辦「第一次讀者、作者聯誼會」的時候，就消除了；因為三位發起人——也是詩刊創辦人張默、洛夫、瘂弦都很熱情親切，三人都是軍官，沒有官架子。我是隨同沙牧（其時在鳳山步兵學校受訓）一起去參加盛會，對主辦人費心將許多詩作抄錄後貼在牆上，再加各種色紙點綴，形成一道詩牆，覺得新鮮又溫馨。事後，張默告訴我，有人認為我自持是台北來的詩人，不免態度上有些倨傲；其實，我在許

1984年5月，畫家丁雄泉來台聚會。坐者左起：辛鬱、洛夫、丁雄泉、瘂弦、商禽，立者左起：張漢良、管管、李錫奇、朱沉冬、碧果、張堃、張默。

多場合都不太說話，亦不善言，表情總是冷冷的。

洛夫在左營時期勤讀英文，聽說他每天早晨背單字，先從右邊褲袋掏出一張小紙片，上面寫有一個英文單字，背熟了，就放入左褲袋。如此日復一日，終於考取設於台北市大直的軍官外語學校，假日就往市區各大圖書館跑，恆心與毅力，使他在語文與文學各相關知識方面，都有大幅度增進。同時，又與學院詩人黃用等人論交，經常在「田園」、「明星」等咖啡館見面，交換創作經驗。

一九五九年五月從軍官外語學校畢業，回左營軍中廣播電台工作不到三個月，洛夫奉調金門擔任新聞聯絡官。出發前夕與張默、瘂弦小飲，然後爬上左營海軍軍區紀念碑座閒談，時值午夜，笑聲驚動了巡邏隊，誤認為宵小，三人同被拘押在憲兵隊囚禁一夜，瘂弦戲稱這一天為「《創世紀》蒙難紀念日」。這一年三月，我從金門駐留將近四年調回台灣南部，洛夫到了金門，不但錯過了在金門相聚機會，也錯過在台灣南部再次見面機會，對我來說，是生命中極大損失。

洛夫致力寫《石室的死亡》，是在到金門一個多月後，砲戰已轉入另一種狀況，他的敏銳感覺，已從個體感受演化為群體，甚至整體人類感受，所以才深入剖析戰爭與對戰爭及死亡的個人體驗。

《石室之死亡》一經發表，引起極大的迴響，但也有些反調；我認為台灣現代詩的分歧，就從〈石室之死亡〉一詩起。洛夫後來寫的詩集序〈詩人之鏡〉一文，亦是引起爭議的一條火索。

從那時開始，洛夫的詩生命邁出了一大步，「詩魔」已漸顯影。

永保心靈跳躍的「詩魔」

一九六五年底，洛夫被派赴越南西貢，任軍事援越顧問團英文祕書，軍務倥傯，仍致力寫詩，但作品主旨有變，語言似乎也有所調整；他開始另一個創作期。在越南西貢與舊友吳望堯、鄭秀陶重聚，自有另一番滋味。其時並促成由吳望堯贊助經費頒發「中國現代詩獎」，該獎共辦兩屆，第一屆於一九七四年六月二十三日頒發，得獎人為紀弦（特別獎）、羅青（創作獎），第二屆於一九七五年六月十五日頒發，得獎人為管管（特別獎）、吳晟（創作獎）。在當時來說，「中國現代詩獎」特具意義。

洛夫自西貢調回台北後，陸續發表《西貢詩抄》，並參與多項現代詩推廣活動，如朗誦會、座談會、研討會及現代詩畫聯展等。那時期的現代詩，不論創作、出版、活動，可說是極一時之盛。

七〇年代的洛夫，創作力的旺盛簡直令人嘆為觀止，而且，取材的多樣與語言意象的繁豐，亦為多位詩家所嘆服。我後來才知道，在此期間，洛夫還在淡江大學英文系攻讀，精神毅力的充沛，誰人能及？

長詩〈長恨歌〉，一經《創世紀》第三十期發表，由於風格創新，敘事與寫意的雙重

被稱為「詩魔」的洛夫，其創作歷程具體而微體現台灣現代詩的成長。

手法，瑰麗炫奇之外，更有一種魔性的引力，立刻引起多方面的議論，我在讀後感中寫下：令人心醉復心碎。未久，詩集《魔歌》出版，抒情意味特重的詩集《眾荷喧嘩》接著誕生，都令不少讀者稱奇復驚豔。

一九七六年十一月，洛夫與羊令野、羅門、張默、菩提、商禽、楚戈、辛鬱、梅新、方心豫等十詩人，由韓國詩人許世旭引介，應韓國筆會邀請訪問漢城（今首爾）。此為現代詩人第一次組團出國訪問，在漢城極受禮遇，眾詩人感觸皆深，回國後均有感懷之作，洛夫的多首作品尤為精緻動人。

十一年後（一九八七年二月），應菲律賓四個華人文藝社團的邀請，由洛夫領隊，包括向明、管管、張默、辛鬱、白萩、蕭蕭、許露麟、張香華等人，在馬尼拉、碧瑤等地暢心漫遊。同時與菲華詩人、作家多次晤談並演講，也拜訪了菲律賓筆會與我駐菲代表處。回台後，洛夫有詩〈白色墓園〉記行，此詩乃一人生最深刻的浩嘆，形式創新，極具戲劇性與朗誦效果。次年三月底，在台北市社教館演藝廳，舉辦「因為風的緣故——洛夫詩作新曲演唱會」，其中有一節目，由《創世紀》詩人群朗誦〈白色墓園〉。忝為朗誦者之一，我在朗誦時心中黯然，彷彿陷身一片白色的大孤寂中。此一形式的有聲發表會，後來曾在溫哥華展演，我欣賞過錄影，規模之大，氣勢之盛，甚勝於台北首演。

兩岸開放未久，洛夫移民加拿大，常受邀參與各地研討會，及舉辦個人作品展，他十餘年來苦練書法，而且以書寫個人詩作為主，在格局與形式上一醒眾人之目，近期又以書法與簡筆水墨寫意畫兩相配襯，獲致更佳的視覺效果。

洛夫年屆高壽，但精神與體魄仍超乎常人，真不愧為「詩魔」，如今仍到各處為詩宣教，做了許多播種工作，我除感佩之外，更衷心祝福。

「因為風的緣故」，洛夫與他的詩，才一直保持生命力的厚實與一顆青春心靈的躍動。

（原發表於二〇一〇年八月《文訊》二九八期）

向明

本名董平，籍貫湖南長沙，1928年6月4日生。美國空軍電子研究中心結業，1988年獲世界藝術與文化學院頒發榮譽文學博士學位。曾任《藍星》詩刊主編，《中華日報》副刊編輯。向明創作以詩為主，兼及論述、散文、兒童文學。曾獲中山文藝獎及國家文藝獎等。著有論述《客子光陰詩卷裡》、《新詩50問》、《我為詩狂》；詩集《雨天書》、《水的回想》、《隨身的糾纏》；散文《甜鹹酸梅》、《走在詩國邊緣》、《詩中天地寬》等。

（照片提供／向明）

他為自己點起一盞長明燈

——簡述向明

那年，與向明遊浙東，有一個晚上我們借宿新安江旁的一家小旅店。屋外水聲潺潺，有月光斜射進窗，我們聊著各自家鄉的小吃。話題不知怎麼突然一轉，轉到民國三十八年國家最危急的那段日子，我說：很想把那段日子忘掉。向明說：我也想忘，但是忘不了。我說：那麼你把它寫下來。向明說：我遲早會寫。

時隔十年，向明終於噙著淚水，寫下〈滄桑我的一九四九〉。我讀著讀著，也不禁為之淚沾衣襟；他的遭遇比我更慘。同時，我也明白了他走路雙腳稍有失衡的原因。

以詩消除人間苦痛

與向明認識在詩人夏菁家裡，但記不起日期。那天，秦松拉我去夏菁先生家，說是夏府有好吃的，而且，覃子豪先生也在座。我因嘴饞所以膽壯，跟了秦松去。在夏府認識了多位年長於我的詩人，其中之一是向明。我記得他穿著空軍官服，英挺瀟脫的靜立在子豪先生身後，向我點頭招呼。

飽餐後告辭出門，才想到自己冒失，想回身向夏菁先生道歉，迎面的卻是向明，他笑一笑，然後說：

「我們才見一次面，就又要告別。」

我來不及問何故，向明說：「過幾天我就要去馬祖。」向明那時在空軍通信單位服役，調遷頻繁，身不由己。

1977年端午節溪頭合影。左起：辛鬱、羊令野、向明、碧果、商禽。

我們沒有說再見。第二次見面，是一年之後，在台大醫院覃子豪先生的病榻旁。

向明那時已婚，家在台北市公館後側的山丘上，屬違建，所以十分簡陋，我去過兩次，一次還吃了董大嫂包的餃子，道地的北方口味。

〈滄桑我的一九四九〉一文末段，向明寫到學習與自省，除了上補習班讀英文

1989年9月28日，於覃子豪墳地銅像前合影，左起：蜀弓、文曉村、綠蒂、許露麟、羅門、辛鬱、向明、洛夫、瘂弦、梅新、商禽、項紀台。

1999年5月，於詩人聚會合影，左起：向明、辛鬱、楚戈、魯蛟。

1990年秋，向明（右）與廈門詩人許露麟在辛鬱家合影。

之外，也開始接觸文學，特別是詩。他念念不忘斷腿之痛，因而雖身在軍中，卻興起「反戰」之思。並且，從那時起確立了詩人應強烈反戰，反一切非公義的與不人道的作為；詩人，認識了痛苦，更應為消除人間痛苦服役。

向明早期的詩作中，確有些作品明白的表達反戰——如〈靶場那邊〉一詩，與反人性傷害（亦即白色恐怖）的意念——如〈今天的故事〉一詩。

不斷拓寬文學視野

在軍中，向明從上等兵一直幹到上校，要不是憑著一股「不斷向前」的意念，絕難辦到。他曾多次被派往外島，設立通訊網。在外島沉悶的生活環境中苦讀，終於獲得升遷，擺脫苦役，調回本部。並且，由於多年勤學扎下的英文功夫，曾多次獲得遠赴美國、以色列等地觀摩與進修的機會。不但增加見聞、知識，更結交多位異國朋友。

寫作方面，也因接觸面的拓寬，由詩擴及雜感隨想與論述。同時為增加收入貼補家用，由翻譯一般文件而書籍，有一段時間，外接工作幾難應付。

說到雜感隨想，向明曾與羊令野、商禽、大荒、辛鬱在現已停刊的《民族晚報》副刊，開闢「三人行」專欄。每日一篇（七百字左右），為時七年。其間商禽只寫了一個短時期，大荒也因身體不好，斷斷續續的寫，羊令野只在專欄初設時寫了一年多，大多由向明與辛鬱供稿。如今檢視當年所寫的「三人行」七百字專欄，真是不勝感慨。因為「三人行」，必有我師。我們當初開此專欄，旨在給讀者一點啟發，所以特別偏重教育與青年問題。卻忽略了，晚報的讀者，幾乎以較年長者為主，而且，大多是下了班的職場人士，他們喜歡的，應該是談天說地、海闊天空的消閒文字。這常令我回想而自問是不是多此一寫？不知向明兄作何感想，但我知道他很珍惜那些短文。

卸脫軍裝，一度曾有向明要去《聯合報》副刊之說，後來卻去了《中華日報》副刊，幫蔡文甫主編的忙。多年下來，經由《中華日報》副刊而認識並結交多位文友，並且，更多的閱讀與更多的思考，也為日後做一個專職寫作人，積儲了不少能量。

其間，主編《藍星詩刊》，也讓他體會從忙中品味人生的苦樂，藉此而窺視人性的不同層面與內外表裡。

照亮了崎嶇的詩路

文學圈中，向明有「儒雅」之形，有人喜呼為「老帥哥」，所以也常與異性文友共研詩藝，極被她們看重。在這方面，我是自嘆不如的。

向明自《中華日報》退休後，《藍星詩刊》因後援撤手而宣告停刊，個人時間較多，經我邀約而參與我們一年一次的大陸行，幾年下來，我們的足跡遍及名山勝川，各佛家勝地，多個文化遺址。有一次，我們二人行，以杭州為中心，遍遊寧波、紹興、嘉興、瑞安等地，一路上，有幾位青年詩人陪伴，不但得到極大的尊重，也真正體會到江南風物人情的美善。向明回台後，曾有詩、文紀行。

這樣的旅遊，後因某事件的發生而中止，如今想來，有多處規劃的行程尚未完成，不免有遺憾之感。偶爾興念重組這一小團體，卻因同好均已白髮蒼蒼，不勝腳力，只好打消此念。

1999年9月8日攝於湖南張家界，左起：丁文智、辛鬱、大荒、向明、商禽、張默。

一九九二年三月，向明與多位中生代詩人共組《台灣詩學季刊》並任首屆社長，他曾有文記述：「……是我詩生命的第二度挑戰，因為我大膽的誤入由學院為班底的詩人及詩評家陣營，他們個個都是國內外文學博士，惟我一人行伍丘八出身，且年歲虛長，我真是有點自不量力。」

其實，向明說得太過謙虛。以他的創作實力、辦刊經驗，足可為其他人的範式。何況，所謂「寶刀未老」，他多年積儲的創作能量，必有推波助瀾作用。果然，直到當今，向明的詩與文，幾乎未曾在任何一期中缺席。

近年來，向明更為「七絃」這一詩人組合的主

向明喜從生活摘取素材創作，語言上也力求乾淨俐落。

力。「七絃」者，七位詩人也。這一組合，純粹為了寫詩、愛詩的共同興趣。組成之後，每個月集會一次。或品茗或飲酒，由一詩人作東，七人輪流。就像七根琴絃，平日各自發聲，每月合奏妙音，條件是，聚會中必須提出新作。如今「七絃」詩人組合，已出版第二冊詩集，名為《七絃——食餘飲後集（二）》。七位詩人為向明、曹介直、朵思、艾農、鍾雲如、張國治、須文蔚。

勤於創作，是向明這些年被公認的特色，同時，他也勤於四處奔波，為聯繫詩的情誼。他為自己點起一盞長燃的燈，照亮了崎嶇的詩路，邁向康莊！

（原發表於二〇一〇年五月《文訊》二九五期）

張拓蕪

本名張時雄，籍貫安徽涇縣，1928年6月28日生，1947年來台迄今。軍旅生涯共31年，歷任文書士、康樂士、班長、編撰官等職，1973年退役後專事寫作。曾獲國軍新文藝金像獎、教育部文化局大型金鐘獎及個人優等編輯獎、文復會金筆獎散文類首獎、中山文藝獎散文獎、國家文藝獎等獎項。著有詩集《五月狩》；散文《代馬輸卒手記》、《我家有個渾小子》、《墾拓荒蕪的大兵傳奇》等。

人生路上永遠的老兵
——簡述張拓蕪

相濡以沫同溫層

部隊從寧波轉進（撤退的美名）舟山群島時，我是某軍運輸團的一名新兵，配備的武器是一根竹製扁擔，兩條大約三公尺長、中指那麼粗細的麻繩。後來讀到我友張拓蕪的名著《代馬輸卒》，我才明白自己就是那麼一個角色。

台北縣林口鄉四團駐軍不少，我們那個單位屬非野戰部隊，似乎常遭進駐待訓的野戰部隊弟兄白眼相看。但張拓蕪與我都不在乎白眼黑眼，自有一套當兵之道。

單位裡有一「四人幫」，張拓蕪與我是其二，另兩位是一夫（趙玉明）、楚戈（袁德星）；我們因寫詩相識，都經由趙玉明調到該單位。雖曰「四人幫」，卻不太張揚，因為單位裡臥虎藏龍多矣；名氣最響亮的是小說家尼洛（李明）。他是我們的頂頭上司，允許我們適度「放縱」。是他勸我們每人掏一點錢，到營區外面租間小屋——這就是「同溫層」的由來——在那裡愛怎麼鬧就鬧，但是——

「廣播稿按時交卷！」這是李老大的約法一章，我們奉行不踰。

張拓蕪大概在那個時候練就一手廚房功夫，紅燒豆腐、豆瓣魚是多位饕客讚不絕口的兩道佳餚。這方面他甚少露相，但有不少紅粉知己都嘗到過。

五〇年代的林口可說是窮鄉僻壤，所以一到星期假日大伙兒就搶著搭公家的十輪大卡車，往台北或者桃園跑。張拓蕪有姑媽在台北大直，他幾乎每週都去吃姑媽的拿手菜，他的手藝乃得自姑媽真傳。

有時不去姑媽家，就同我去找當小學教員的秦松，一會兒楚戈、商禽也跟著到。五個人逛進新公園，夜色朦朧，水池裡鱗光隱閃，有人忽生歪念，用挑逗的口吻說：哪個敢跳進池裡跟魚兒比賽游泳？

跟魚賽什麼游泳？抓魚、撈魚是真的。五人中，我從來不搶先，但只要有人先下水，跟著就是我。張拓蕪呢？他不聲不響，坐在池旁的石台上脫鞋解褲帶，他是個行動派。

那時新公園衡陽路出口有多家夜食攤子，三、四十盆熱菜熱騰騰的冒著香氣，真誘人！

我們先落座，通常由我去點菜，然後商禽拎著抓來的魚——多為吳郭魚，找攤子老闆商量，請他或煎、或蒸、或紅燒，魚有十條，烹食三條，另七條充作代工費或者加換兩道葷菜。

這頓宵夜吃得樂陶陶，但一旦錯過交通車，那就慘了。這方面張拓蕪從不憂心，因為他有姑媽家可以投宿。

林口「同溫層」訪客不少，據一夫統計，十個月來總有一百位以上。訪客從各地來，路途都不近，所以，弄幾樣粗菜待客以略盡地主之誼，是我們最起碼的作為。錢，多數由一夫掏腰包，我們也略出一份，買菜，則是張拓蕪與我的事。到了小小菜市場，兩個人在唯一的魚攤與肉攤前面轉來轉去好幾回；錢只夠買一樣葷菜，我倆得想及客人的口味。不過，猶豫不能過三，轉到肉攤子前面，張拓蕪開了口：

「老闆，來一斤五花肉，半斤骨頭。」

五花肉紅燒，骨頭燉蘿蔔湯；張拓蕪的手藝不賴，客人吃了直叫好。

但是，在「同溫層」不光是吃吃喝喝，我們勤於寫稿；電台節目用稿，投寄報章雜誌賺稿費的詩與其他文稿，那段日子我們都大有進展。後來，一夫、張拓蕪奉派馬祖廣播電台，一個當台長，一個當編撰官，楚戈不知生什麼病住進桃園陸軍醫院，我雖仍留在林口，也病歪歪的每天吃藥打針。

「同溫層」失溫，從此只成為我們記憶的一部分。

對創作展現的真誠

張拓蕪從馬祖歸來後，仍是光華電台的一員大將，他一手寫三個節目，成績亮麗，終於調到台北市一個叫做「心盧」的單位。我則後他三個多月，養好了病，也上調這個令人羨慕，可以睡睡懶覺的單位；當然得放棄一頓豐富的早餐。

印象中，張拓蕪似乎對六樣小菜還有豆漿、稀飯、饅頭的早餐，興趣不大，我有早起習慣，所以這頓早餐吃得不亦樂乎。

小辦公室裡五個人，一夫是老大，拓蕪與我之外，一位是音樂家駱先生，一位是廣播稿高手王先生。彼此合作無間，氣氛令不少同事羨煞。我們在晚飯後，各走各的，我多數去找秦松、楚戈或商禽。拓蕪不是去姑媽家，就是去有點神祕、浪漫的地方。聽說他有一回還去了「何公館」；那在台北市中山北路的一處華麗的歡樂窩，不知多少人心嚮往之。

張拓蕪的廣播稿寫得好，是眾家播音員最喜歡的，有一位播音小姐說：

「張編撰官的稿子讀起來順口，聽起來順耳。」事實如此，使我這下筆文謅謅、唸出來

1961年，軍中文藝圈聲名最盛的林口「心戰總隊」成員合影。左起：張拓蕪、楚戈、楊炎、王渝、趙玉明。（張拓蕪提供）

酸滋滋的老弟，萬分欽佩。

但是，有一回我出口不慎，把拓蕪老兄惹惱了。那時他由香港出版了詩集《五月狩》，朋友們都蒙他贈書。那天在內湖瘂弦家，大家酒足飯飽，一面喝茶一面談起每人的近作。多位朋友都對《五月狩》表示讚美，我當然也說了真誠的好話，但卻加了幾句後語：「我覺得有些作品太乾燥了些，好像一條毛巾把水分擰得太乾……。」

為此，他老哥好長一段時間不願意跟我說話，但我們不曾翻臉，見面打過招呼，卻似乎無話可說。當然，這個心結，經過一段時日，終於極自然的解開；因為，我毫無看輕他詩作的意思。而他則擱置寫詩，全心投入散文創作，以《代馬輸卒》系列，及描述家鄉的鄉情散文，儼然成為散文大家。

（上）1986年，張拓蕪（立者右）獲中山文藝創作獎散文獎，與無名氏（立者左）、劉俠（坐者右起）、小民合影。

（下）約1989年，三毛（左一）與友人至后山居小敘，張拓蕪（左二）親自下廚。（張拓蕪提供）

未完的《代馬輸卒》

張拓蕪的散文，創建了大兵文學的高峰。他把老兵寫活了，已具備了當代軍事史上的意義。許多文壇健者都為他喝采，甚至有軍伍出身的讀者，寫出深刻的讀後感，感佩張拓蕪為軍人塑造了多重形象。

朋友中最了解張拓蕪的一夫，曾經以〈消遣張拓蕪〉一文，寫出拓蕪在寫《代馬輸卒》這一系列作品前後所遭遇的困頓。

寫張拓蕪的突然中風倒地，寫他的養病過程中，從消極悲觀到積極奮起，悲喜交集中動筆寫《代馬輸卒》，讀來令人心酸，但也為張拓蕪高興；他終於找到了活著與活下去的理由。

《代馬輸卒》的某些篇章，其實也就是張拓蕪的自我寫照。他是在抗戰後期，人長得不比槍高，就離鄉背井跑出來當兵的，小小年紀啥也不太懂，卻在一堆成年人裡面「混」生活，這不是容易的。抗戰勝利，他回到家鄉，待不多久又跑出來當兵，這一走四十多年，他回鄉時記憶中一切已不存在。然而「家鄉」的形象卻植入他的心田，因而有了描寫家鄉生活的作品，稱之為「生活系列」散文。較之《代馬輸卒》系列不同的，是這系列的作品親切近人，一切似乎都發生在讀者身邊。

張拓蕪有過一段艱苦的婚姻生活。獨身以後，他與兒子相依為命，但青年人跟老爸有

張拓蕪的創作寫鄉土、寫民俗、寫家鄉、寫戰鬥生活，顯示出時代的真實面貌。

不同看待事物的方法，所以有點不馴。做父親的因此寫了榮獲國家文藝獎的作品——《我家有個渾小子》。此書深刻的寫出父子代溝，是當今社會非常值得參考的一部巨著。

拓蕪兩年前留起鬍鬚，臉色紅潤照眼，真像一位不食人間煙火的仙翁。他有一篇文章寫「手杖」（篇名〈扶持〉），引經據典，寫得十分感性。仙翁拄著壽杖，是何等一個畫面？如今，他身旁又多了一位素雅嫻靜的女士——陳小姐，款款並肩而行，那畫面就更加動人了！

其實，張拓蕪的後半生，除了有「代馬輸卒」相伴，有家鄉的一景一物圍繞，讓他致力筆耕，心田綠意滋長，獲得許多感佩讚嘆之聲外，更有多位紅粉知己，時刻予以友愛的扶持。這幾位柔情俠心的紅粉知己，不但給予拓蕪在寫作方面的精神支持，還經常在拓蕪與兒子相處不適時，給予拓蕪多方面的勸慰，讓他深切體認親情的珍貴與崇高，而寬容兒子一時任性。如今，劉俠與三毛均已仙逝，卻有張桂越與陳淑美，拓蕪必然會珍之惜之，享受晚境生活的甜美。

（原發表於二〇〇九年十一月《文訊》二八九期）

趙玉明

原名趙玉成，筆名一夫、喻誠、舒白，籍貫湖南湘陰，1928年7月23日生，1946年來台。陸軍官校畢業。服務軍職二十餘年後，轉入新聞界服務，歷任報社記者、編輯，《電視週刊》、《科學月刊》、《文藝月刊》主編，《民族晚報》、《聯合報》總編輯，聯合報系泰國及印尼《世界日報》社長、總主筆等職。著有詩集《金色的陽光下》（合著）；小說《咆哮大地》；報導文學《飛向白日青天——范園焱的故事》；傳記《菩薩心腸的革命家——居正傳》等。

從「在林口……」談起

——簡寫趙玉明（一夫）

林口的趙老大

林口是一個高地小鄉鎮，屬台北縣。瘂弦有一首詩〈苦苓林的一夜〉，寫的是林口某處頗具特色與魅力的地方，距離當年我們一幫搞「心戰」的哥兒們駐紮的營區不遠；如今則是一個高樓散立的新開發區。

我們這一幫人因為搞「心戰」，多少會一點舞文弄墨功夫，被稱作「林口幫」，趙玉明（一夫）是其中之一，而且是個頭頭。

「在林口……」如何如何，成為這伙人話當年的口頭禪，這說明那段日子（民國四十年代後期到五十年代前期），確有值得回味的地方。大概不會有人反對，這幫人不論寫文章、繪畫、編曲寫詞，乃至編刊物、廣播等，都一致推崇小說家尼洛（李明），尊奉他為「領導」。而趙玉明（一夫）是尼洛的得力助手，自然成為尼洛不在時的代理「領導」，在我們三個寫詩的（楚戈、張拓蕪與我）心目中，他則是頭頭。

走得近，不分長官部屬，我們四個在營區五百公尺外，旁近竹林山寺的一個小聚落，租下一戶人家的二樓，作為寫作、聊天、會客之用。第一個來到的貴客商禽，點子特多，將這十坪大小的樓房命名為「同溫層」。

我們在「同溫層」會見不少詩友，包括羊令野、鄭愁予、鄭秀陶、商禽、流沙、秦松、大荒、王渝、洛冰、王泉生、張湘湘等。客人一到，趙玉明掏錢，我去買菜，然後七手八腳自己弄吃的，有一次錢只夠買青菜、花生米，我們把一隻從東勢捎來的貓頭鷹宰殺煮湯。客人是三位女性，宰殺過程沒看見，但鍋子一上桌，我們的頭頭——一夫兄掀開鍋蓋，就把三位女詩人嚇得花容失色，指著鍋子裡半沉半浮的貓頭鷹，驚問：「這，這，這是什麼？」

那時我們享受這類帶點辛酸滋味的樂趣，大家都寫得很勤。但半年之後，命令下來，趙玉明與張拓蕪調馬祖，我調金門，獨留楚戈在林口。一年半載之後，分別從外島調回，情勢已略有不同，首先是尼洛高升，調台北工作，不久我感染肺病，自請遷出營區療養，租三坪小屋一間，楚戈亦稱病住進桃園一所軍醫院。趙玉明常到小屋來探望，看我用一種特殊療法治病（每天用冰涼的井水泡我瘦弱的裸身），他總心生憐憫但又不知如何是好，只說：「老弟，你千萬別弄得重感冒。」

他知道我錢不夠用，雖然無力接濟，卻回到營區，為我爭取多寫一份廣播稿，稿費不多，但夠買奶粉、雞蛋等營養品。

不久他調到台北「心廬」，拓蕪也去了，我還在小屋養病，趙玉明走前向我保證：「你病一好，我想辦法調你到台北。」

他兌現了承諾，我到了台北，成為「心廬」這個臨時編組的心戰作業單位，一個沒名分的作業人員，屬廣播組，這才真正做了趙玉明的部下。從那時開始，我與張拓蕪都稱呼趙玉明為「老大哥」或「趙老大」。

投入新聞工作

在「心廬」廣播組，有一位在當時流行音樂界稍有名氣的作曲家駱明道，我與拓蕪都不太清楚這位仁兄辦什麼業務，除了星期四下午工作會報，看到他露臉，平常不見人影。「組長」趙玉明似乎毫不在意，哪裡知道隔不多久，趙、駱兩位，另加一位張先生，居然辦出一份與眾不同的流行型雜誌《人人娛樂》，內容以介紹電影、電視節目、流行音樂為主，配上一些生活情趣、消費資訊等短文，很合當時社會漸漸趨向現代化、國民消費習性慢慢改變的步調；一時洛陽紙貴，成為一份熱門刊物。

我在想，趙玉明怎麼有這個能耐？事實上，我對他的行徑不了解的地方還多著哩！

他那時不僅與人合夥辦《人人娛樂》，還身兼三職，已經在新聞業界闖出一點名堂。說到進入新聞業界，趙玉明最感念八二三砲戰前一年，在金門《正氣中華報》工作的那

趙玉明（右二）在泰國芭達雅接待詩友張拓蕪（左起）、張默、楚戈。

1953年出版《金色的陽光下》詩集的四人，50年後再度合影。後右起：何坦（阿坦）、趙玉明（一夫）；前右起：俞允平（疾夫）、張作錦（金刀）。

段日子。他那時官拜陸軍中尉，在某個機緣下調入《正氣中華報》，因為官階低，只能占校對缺，幹的卻是編輯兼記者。這番歷練，後來造就趙玉明成為新聞業界知名的編輯「快手」與「寫將」，先後獲得國家文藝獎（新聞文學類，民國六十六年）、行政院新聞局新聞金鼎獎（七十一年）、台北市政府金橋獎（七十二年），而且從編輯幹到總編輯（《聯合報》、《曼谷世界日報》），從特別顧問幹到社長（《曼谷世界日報》）。

金門兩年，編報跑新聞之外，趙玉明一直保持對新詩的熱愛，以一夫筆名為紀弦主編的《現代詩》與覃子豪主編的《藍星詩刊》寫稿，他的詩風明朗，充滿熱情。民國四十二年曾與阿坦（何坦）、疾夫（俞允平）、金刀（張作錦）合出《金色的陽光下》詩集，在新詩界出道早、資歷深，可惜的是以後的作品未能結集出版。在金

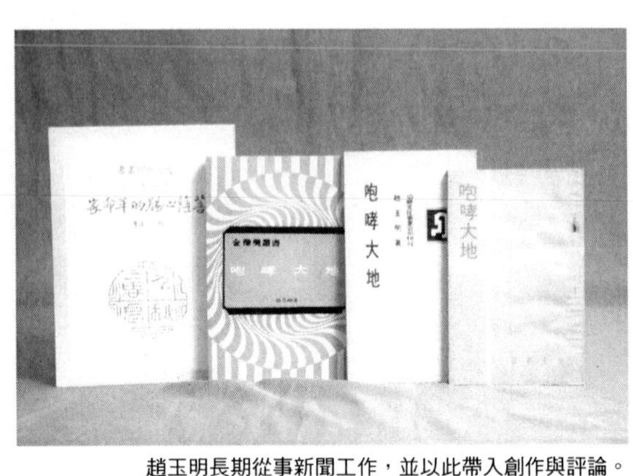

趙玉明長期從事新聞工作，並以此帶入創作與評論。

門他常與詩友交往，那時沙牧、魯蛟、梅新與我都在金門，不但成為《正氣中華報》的投稿人，每次進城，也會找上一夫，喝一點小酒，吃幾個鍋貼，「剝削」他的辛苦所得。

趙玉明高中未畢業就隨軍來台，由於身材矮小加以頭上有疤，考軍事學校未獲錄取，轉而致力學習寫作，第一篇文章題為〈疤〉，在軍中油印報發表。寫作上了癮，發表作品一多，被調往編油印報，打下編報的扎實基礎，再經《正氣中華報》一番煎煉，經驗更豐富，只等著有個機會充分發揮。

這機會在民國五十三年來到。調台北「心廬」，近水樓台，他經朋友推介，先進《徵信新聞報》（《中國時報》前身），再進《民族晚報》。說來誰會相信，在那段日子，他每天上午十一點到下午兩點進《民族晚報》編輯室，然後趕返工作單位「心廬」，寫稿、審稿（三份包括張拓蕪、王啟惠與我，每份稿子一千八百字到二千七百字不等），六點吃罷晚飯，洗個澡，倒頭熟睡兩小時，十點趕到《徵信新聞報》，一直幹到深夜一點，再趕返「心廬」睡大覺。此外，他還得抽空幫著編《人人娛樂》。

這真是鐵打的身子，兩年多下來，我與張拓蕪只知道他在外兼差，卻不知他竟然忙到這般境地。我們不見他瘦，也不見他在辦公桌上打瞌睡，等知道之後，也不知道該怎麼讚上幾句。其時我那位沙牧仁兄還常來找酒伴，多次都由趙玉明請客，到圓環小吃。

趙玉明在《民族晚報》一幹五年八個月，曾為我們幾個詩友設「每週專欄」及「三人行」（每日專欄，設於副刊，每篇七百字，初期由羊令野、商禽、我三人執筆，後來大荒與向明取代羊令野與商禽，維持七年多，共二千多篇）。在《民族晚報》工作後期，由於《人人娛樂》的成功，趙玉明被挖角到《台視周刊》綜理編務，使《台視周刊》從民國五十五年每期發行量四萬八千份，飛快的增加到十萬份，被視為奇蹟。

不僅如此，他那時又被尼洛請去兼編《文藝月刊》，在姜穆的協助下，也讓疲態畢露的《文藝月刊》重新振作，轉手讓俞允平順利接編。

不久之後，中華電視台成立，尼洛出任節目部主任，找趙玉明做編審組長，蒙他們兩位的照顧，我參與了第一檔連續劇《男子漢》的編劇組，短時解除了我把退伍金辦「十月出版社」老本虧光的生活困窘。

理性處事，感性待人

趙玉明離開華視之後，於民國六十四年，正式加入《聯合報》工作，在這之前，他曾短期在聯合報系工作，擔任過《聯合報》與《經濟日報》編輯。進入《聯合報》，初任編輯部主任，再任執行副總編輯，升任總編輯後，他「多元化社會新聞」這一改革主張，將社會版內容擴充，容納科學、生活、文化三個要項，使新聞內容多元化、多樣性、多面向，報紙發行量漸次從九十餘萬份，增加到一百四十萬份，締造了《聯合報》的黃金時代。

總編三年任期屆滿，轉任顧問，其時中共空軍范園焱駕機來歸，趙玉明以這事件寫成《飛向青天白日》一書，在《聯合報》連載，普獲佳評，並榮獲國家文藝獎（新聞文學類）。從而再獲報社重用，派赴泰國任曼谷《世界日報》總編輯，在任二十三年，從第六年起升為社長兼總編輯。任內特重中華文化的提振，與僑胞子弟的文藝教育，辦了多次文藝營，請亮軒、司馬中原等數十位作家任教。期間赴雅加達兩年，創辦印尼《世界日報》為當地僑胞服務。

趙玉明自謂新聞與文學是畢生兩大情人，尤其鍾情於詩，常以詩調節工作壓力、調劑生活。他待人寬厚，慷慨大方，這使他與同事、部屬之間相處融洽，工作得以順利推展。

對我來說，作為「林口幫」的一分子，不論朋友交誼，或工作方面的誘發與指導，「趙老大」都是大家的表率。他理性處事，感性待人，理性與感性交互運作，充分發揮工作與領導功能，怎麼會不成就一番事業？

（原發表於二〇〇九年二月《文訊》二八〇期）

沙牧

本名呂松林，籍貫山東海陽，1928年9月12日生，1986年因車禍意外去世。1946年從軍，來台後致力新詩創作。曾任《創世紀》詩刊編委，「現代派」同仁，《漢聲》雜誌、《電影沙龍》、《今天畫刊》編輯，廣告公司企畫，建設公司負責人兼總經理，《現代高爾夫》總編輯等。著有詩集《永恆的腳步》、《死不透的歌》、《雪地》。

（照片提供／丁文智）

死不透的歌
——遙念詩人沙牧

二十二年前的台北市羅斯福路金門街口，一輛不遵守交通號誌的機車，把一位詩人撞倒，傷及頭骨，五天之後的凌晨三時，這位詩人不治去世，無遺言。

去世的詩人自喻「死不透的歌」，他一生曲折離奇，幼時家境富足，不足十歲因日寇入侵，燒殺擄掠，奉母命跟隨二舅父打游擊，十四歲在游擊隊所辦的戰地小學畢業，繼入山東省立十一聯中念簡易師範科。原本立志赴邊疆教書的詩人，因國共內戰有志難伸，十九歲那年參加青年軍，並棄家離鄉，赴北京投入華北保衛戰。這就開始了長期行伍生涯，從此浪跡天涯，決定他一生悲喜交集、福禍互易，乃至變幻莫測的命運。

他是山東海陽縣人，生於民國十七年九月的一條漢子——呂松林，筆名沙牧。至今，他那特異的行徑常常被朋友當作談資，倒是應合了「死不透的歌」這個自喻。

曾有一段期間作為沙牧的部下，並且向他學習寫詩；我對他的感念是無盡的。在我七十歲生日出版送請朋友指教的長篇小說《龍變》中，我用十餘萬字描述他與我在軍中以及進入社會之後交往的種種，並且在結尾把他從「龍」的位階降等為「鰍」，似乎是對他的貶抑，其實不然。

沙牧肖龍，然而世上對「龍」這等生物的是否實有，迄今無解，而泥鰍幾乎在每一條活水溪河裡都有，生命力特強，由此觀之，便應無貶抑之意。何況，沙牧的名篇力作〈死不透的歌〉，一開始就如此表白：

> 無需否疑或肯證是不
> 有過龍和鳳此等生物
> ……
> ……

似乎，沙牧自己就不怎麼看重「自己」。而詩名〈死不透的歌〉，豈不矛盾？不錯，沙牧後半生始終在自我的「否疑」與「肯證」。在他給我的少數幾封被完好保存的信中，他常有「苟活人世」、「偷生」、「我是動物中的弱類」以及「我頭頂一片天」、「我是沙牧，是唯一的！」、「誰來同我比高」這類矛盾的表白。

朋友中有人說他是虛無主義者，這點我不甚認同，因為就虛無主義者來說，在面向人生及命運時，總是以積極的精神對應，不會計算物質的匱乏或欠缺。而沙牧以我的就近觀察，體會到的是，他時常會以物質的匱乏，而咒天怨地；似乎「天地不仁」，虧欠了他。我必須說，在感念之外，對沙牧的後半生，我是有些微言的。時隔二十二年，這些微言，似乎還有一說的必要。

在酒鄉中躲避現實

論寫詩，早期的沙牧確有出色的表現，誠如洛夫說：「沙牧投身於現代詩的全盛時期，不論他的語言或技巧，均有不俗的表現，詩中偶爾也閃爍出知性的光輝。」（沙牧詩集《死不透的歌》序）。後來卻因為自認命運不濟，酗酒亂性而導使詩思鬆懈，詩情濫觴而失卻昔時光輝。然則，他不加自我省思，深究成因，常認為被人忽視，因而在心中自設檻柵，越發陷入虛空的自我膨脹狀態。

說到沙牧貪杯酗酒，體會最深的朋友有丁文智兄、連水淼、羅明河等詩人，以及他在「國聯電影」的同事與《今日畫刊》的工作伙伴，如簡志信、陳來奇、凌明聲等先生，無不深切領教而為之搖頭嘆息。文智兄與鳳英嫂，經由我的介紹認識沙牧，基於同鄉情誼，待之如長兄。某年沙牧第二度失業，在丁家一住幾個月，文智兄每天供應一瓶紅標米酒，一包香菸，還買了稿紙，希望他酒後菸餘，靜下心來多寫些詩或散文。結果呢，幾個月下來寥寥不到二千字，而副作用是眷村房子，一板之隔，鄰居在沙牧酒後都提心吊膽，這一來，誠實忠厚的山東同鄉丁文智不得不對視作長兄的沙牧說：「我要職務外調。」

沙牧酒後生事，朋友們都隱忍下來並處理善後；寫詩的人實在心好。我現在抖出舊事，似欠厚道，但我必須說，沙牧不應該總是躲在「醉」這個字後，推卸他的人生責任。

對於酒，我也略知一二，並且喜歡與二三知己對酌，逢上喜事如兒女婚宴、新書出版、畫展開幕，或生日壽喜，有時也會醉倒，甚至濫醉。但我從來不會借醉胡言亂語，或鬧事生非。沙牧怎麼會不同呢？難道他生理構造不同？不出些事就不能讓酒精揮發？我從多次為沙牧處理酒醉善後，再多次冷靜旁觀朋友們為他處理酒醉善後，多年之後，終於發現，那是朋友們與我，基於友情，一方面同情沙牧的不幸際遇，一方面珍惜他作為詩人的才華，自然而然的一種人性流露。

而沙牧，他對此人性流露有了依賴，在那個時候，什麼人性尊嚴呀，面子問題呀，長幼有序呀……，都不在話下。沙牧他是個弱者，他值得被同情，而我們，似乎也從照料沙牧酒後所發生的種種，滿足了一時之間作為一個「強者」的心理。久而久之，它就像一個呼啦圈，在人生腰際轉了又轉。

1967年，攝於台北藝術館李錫奇畫展。左起：辛鬱、李錫奇、上官靈鳳及其妹、沙牧。

沙牧著作不多，唯頗具個人特色。

一生悲喜交集

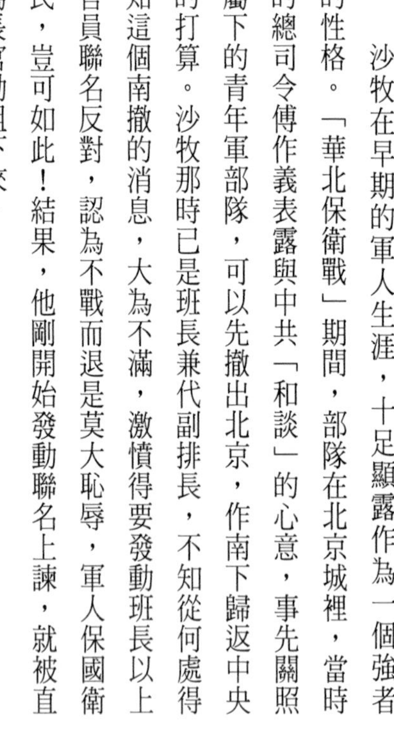

沙牧在早期的軍人生涯，十足顯露作為一個強者的性格。「華北保衛戰」期間，部隊在北京城裡，當時的總司令傅作義表露與中共「和談」的心意，事先關照屬下的青年軍部隊，可以先撤出北京，作南下歸返中央的打算。沙牧那時已是班長兼代副排長，不知從何處得知這個南撤的消息，大為不滿，激憤得要發動班長以上官員聯名反對，認為不戰而退是莫大恥辱，軍人保國衛民，豈可如此！結果，他剛開始發動聯名上諫，就被直屬長官勸阻下來。

部隊不久開始移動，走的是平津線，沙牧的單位是某營突擊排，有小規模獨立作戰能力。某夜，突擊排奉命擔任左翼後衛，行進未久就遇上土共摸哨，一場小規模遭遇戰就在一個村落邊沿發生。沙牧在那場不到一刻鐘的戰役受了傷，留下了臉上的疤痕；一度他自稱為「疤勳章」。沙牧能戰，在那次小戰役後留了名。後來他升上排長，部隊已到達上海。

軍人生涯結束於從馬祖輪調回台，前後十九年，其間到過浙江舟山，從此對海有特殊感情，先後有詩作〈要出發了這隻船〉、〈當潮退了的時候〉、〈海獵〉、〈如果海水是酒〉等。他在金門時，我與梅新、魯蛟、一夫都在，常有機會相聚。我與他都經歷「八二三砲戰」，〈海獵〉詩寫戰後心境，涉獵極廣，但與金門砲戰無關，詩作於《現代文學》發表，當時曾引起議論，咸認極富「存在主義」色彩，並具超現實性。對此，他來信中頗為自得，並批評我的〈金門頌〉與〈八二三頌〉太露相不含蓄，口號八股。我接受他的批評，回信表示希望能多多讀到他類似〈海獵〉的作品，卻因為他在軍中升遷受阻，情緒低落，很長時間未能讀到他的詩。

在軍中升遷，一方面固然取決於學識能力與品格，另一方面卻要靠些關係與運氣。沙牧最不擅長的，就是拉關係，因此沒運氣。但這卻是小因素，大因素是——他拒絕加入政黨，他敬仰孫中山，欽佩蔣中正，但不入黨。這麼一來，在「上尉」這個階段，他幹了近八年。升不上去只好退，他下來憑著一支筆桿，先後進入多家藝文事業單位工作，亦經多次失業，到餐廳做洗碗工、清潔工，一度欲下礦採煤，經有經驗的周鼎勸阻而作罷。

沙牧曾有一段風光日子，在南部高屏地區做房屋銷售，那時腕戴勞力士錶，從高雄到台北來回都包計程車，所謂錢財乃身外之物，來得快去得更快，不久他又陷於失業困境。在車禍死亡前一年多，日常生活所需全賴朋友如白靈、林建助、連水淼周濟，朋友鼓勵他多寫，只維持一陣子，死前寫了篇〈台北行路難〉，竟在他遭車撞的同一天發表，如此巧合，真是誰也想不到。

傾吐生命的愁苦

他去世後，由爾雅出版社為他出遺作選集《死不透的歌》，洛夫與瘂弦作序，張默與我寫悼詩，向明、沙穗、連水淼寫悼文，另外還舉行追思會，沙牧地下有知，也應慰愉在心。

沙牧離開這個喧囂人世，作為一位詩人，五十八年的生命，大半活在陰暗的一隅，心中應有不平。他後半生狂飲濫醉出了名，給無論熟與不熟的朋友添了不少麻煩。但他本性善良，說起話來條理分明，打出的手勢非常有勁；他有可愛且令人懷念的一面。

活在世上常有委屈之感，他的詩在這方面曾做了大量傾吐，從文字表層看，似乎很明朗，很容易懂，但內在含意卻是灰濛苦澀，令人不解。作為時代見證者，沙牧的詩也許是一種證言，但在這些坦直的傾吐之中，我們除了發現生命的愁苦之外，不易找到別的情操。從龍蛻變為泥鰍，沙牧說他有過這樣的心路歷程，然後他又說：龍是虛幻的，而泥鰍真實存在，生命力特強。這可以拿來印證他生命的虛無感，然而虛無主義者在自瀆中有積極的一面，而沙牧只把頭埋入悲憤怨苦的淤泥中。

所以他的死，並非是一齣悲劇的落幕。

（原發表於二〇〇八年十二月《文訊》二七八期）

姜穆

筆名徽萱、牧野等，籍貫貴州錦屏，1929年5月21日生，1949年來台，2003年12月3日去世。貴州錦屏中學肄業。16歲從軍，曾任電影導演，報社、雜誌社編輯、總編輯，新聞局出版處專員。曾主編《青年戰士報》、《文藝月刊》、《今日中國》，1972年以陸軍少校退役，隨後進入黎明文化公司編輯部擔任主任。曾獲國軍新文藝銅像獎、中國文藝協會小說獎章、中山文藝小說創作獎等。著有論述《三十年代作家論》、《解析文學》、《三十年代作家臉譜》；詩集《拾夢》；散文《人生探索》、《香弦雨》；小說《紅娃》、《決堤》、《血地》；劇本《浮沉之間》、《龍家寨》；傳記《王安石大傳》；合集《姜穆自選集》等。

帶我到舊書攤挖寶

——懷念姜穆

直爽豪邁的西南漢子

他身上常常散發兩種氣味，一種是抽象的俠氣，另一種是有跡可尋的菸味。

先說菸味，他幾乎什麼牌子都吸，晚年才以洋菸為主。一天少則兩包，寫稿、聊天、打牌，更是一根接一根，好在牌品高，牌友不嫌厭棄。某年有幸與他同行，去左營做文藝輔導，被分配「同居」一房，他晚上趕寫連載小說稿，兩包菸放在小桌上，我實在累了，倒頭就睡，早晨醒來，小桌上一層白灰，兩包菸連菸屁股也被他撿了吸盡，他笑笑說：五千字代價。

俠氣則是他直爽豪邁，樂於助人，常常笑容滿面。有人說他有西南某少數民族血統，看他做人做事守信重諾，倒真有那回事。

左營一夜，他說我打呼，呼聲頗具節奏感，幫他寫得很順暢，所以找了一個吉日，請我吃雲南汽鍋雞，然後帶我逛牯嶺街、南昌街一帶舊書攤，從此我成了舊書市集的常客。姜穆有次問我，孝敬了多少給牯嶺街與南昌街，我一時弄不明白，無言以對，他笑笑說：你沒有找到寶？我這才明白——已經花了三萬字稿費，挖到十來件寶，就應該說出來讓姜穆一樂。他沒聽完，大聲嚷嚷：「老弟，你被唬啦！」意思是：我給多了錢。

從此，逛舊書攤，特別是南昌街那幾家，我一定找姜穆同行。

姜穆那時在《青年戰士報》副刊幫忙，拉稿看稿改稿，來稿多，還得帶回家熬夜。第二年（民國五十八年），他協助吳東權辦《文藝月刊》，為當時文壇盛事。《文藝月刊》初時兼辦書刊發行業務，我與王仙、大荒、丁文智等合辦的「十月出版社」，一口氣編印了十本「十月叢書」，委請《文藝月刊》發行，當初還是姜穆拉的線。後來由於叢書中有一本《沈從文自傳》，差一點弄得我去坐牢，靠高人幫忙，免於「軍法侍候」。《文藝月刊》有軍方背景，自然不能發行「十月叢書」，姜穆為此心中耿耿，見到我總說：「辛鬱，你命不好，出版社老闆沒當成。」

企畫、編輯、執行俱在行

姜穆未久離開《文藝月刊》，到一夫接編該刊，又把姜穆請回去幫忙，那已是《文藝月刊》中期。

從民國五十年代後期到六十年代中後期，約八年時間，姜穆先後為多家文化事業單位

1990年代，文友合影，左起：張默、姜穆、李牧、林紫耀，右起為周浩正與蔡文甫。

服務，他點子多，常能說服單位負責人同意他的構想，同時執行能力也強，使新點子很快成為事實。例如他在「黎明文化公司」，籌畫出版「作家自選集」。這個計畫在當時出版界是一件破天荒的大事！第一，需要大筆資金；第二，需要大量稿源。先不說別的，單是找人供稿就是一件難事，軍中作家那麼多，還有大批幫忙軍方推展文藝活動的社會作家，而且個個都是高手，先找哪幾位高手呢？公司幾個負責人大動腦筋，少不了姜穆的意見，就這樣捉摸一陣子，居然很快得出結論：先找資深的，知名度高的。姜穆是主要執行人之一，經他一番周旋，「作家自選集」竟依序出版，它對列名的作家不僅是一種肯定，更成為一種誘因，對尚未列名的作家產生極大的鼓勵作用。

離開「黎明文化公司」的姜穆，被「源成文化圖書供應社」聘任總編輯，到任不久，他邀羊令野、張默與我到源成，提出「十大小說家」、「十大散文家」、「十大詩人」選集的出版構想，希望聽聽我們的意見。這也是一個創舉，我們自然樂見事成。

問題是，「十大」的名單怎麼開？姜穆要我們替他動動腦筋。他徵得老闆的同意，先聘我們加入編輯委員會，當時張默發言，認為羊令野無論散文或詩都有列名「十大」資格，不該請他入編委會。

「十大」的編輯作業我並未全程參加，但幾次重要會議都有出席，並且受命撰寫「十大小說家」編序。這是一件苦差事、大難事，我寫小說才幾年，僅僅出版一冊薄薄的《未終曲》（商務印書館），哪有資格能力寫此大序。幾度推辭不成，只好硬著頭皮，誠惶誠恐，參閱了將近三十萬字有關小說的參考書，再一遍一遍一篇一篇細讀十位小說家自選的作品，費時將近兩個月，才勉強寫成，搪塞交差。

「十大選集」問世後，批論不少，大部分意見肯定這是創舉，有文學發展史方面的貢獻，至於人選，則不免有些異見。身為編委之一，我當然虛心受教，而私下卻對姜穆做事的魄力、速率以及果斷，佩服之至。

在多元領域留下深刻軌跡

在「源成」姜穆另有一大作為，就是把英國史學家湯恩比的傳世偉構《歷史的研究》，請師範大學副教授林綠統籌，邀請英語系及歷史系多位先生協力，將全書翻譯出版。此書近百萬字，厚達十二公分，重三公斤多，光看這些數字，就可見工程的浩鉅艱辛，姜穆硬是把此書推出，接受社會公評之後，才離開「源成」。當然，褒貶在所難免，姜穆有一句口頭語：「這件事我做過了。」

他後來突生異想，在一個叫「紅香」的地方買了一甲土地，居然「歸田」去哉！種水果，還為此寫成長篇小說《紅香春潮》在《大華晚報》副刊連載。

那段日子我與他失去聯絡，得知他「歸田」不成，重返紅塵，竟然做了行政院新聞局的顧問，專職為局長聯繫文學界人士，我簡直不敢相信，心想：這老小子到底是哪一號人物？等到羊令野有一天說：他人面廣，適合幹這份差事。果不其然，姜穆在到差個把月之後，代宋局長邀約羊令野、張默、大荒、管管、瘂弦、我等十個詩人，在信義路金山南路口一家江浙館，吃喝一頓，交換了一些推廣藝文活動的意見，姜穆在新聞局幹了一段時間，宋局長上調後，他就另覓新枝了，這一次，他走進了新聞界，別有一番滋味在心頭。

我佩服姜穆有用不盡的精神體力，他在任何工作崗位上都留下成績，但一點也不耽誤自己的寫作，小說、散文、論述、劇本……幾乎不曾間斷的出版，還有他對中國大陸文藝界現況的研究、報導分析，說得頭頭是道，較之許多專家更有創見。他談胡風、丁玲等等，資料是第一手，文筆深淺適中，論述自有一套。每次見面，我總不忘誇他一番：「老哥，有你的！」他叼著菸，一笑置之。

進《臺灣時報》編副刊，組內另有高手，似乎不怎麼歡迎這位菸不離手的老兄，姜穆不在意，也無所謂，一坐上編輯檯，處理稿件及版面快而準，那人暗暗心服卻不明言。姜穆遞上一根三五牌菸，掏出打火機點燃，對方領情也領教。他在李錫奇家牌桌旁講這一段，還帶表演，逗得大伙兒哈哈笑。這一回我說：「老哥，我服了你！」他仍一笑置之。

老兵回大陸探親，姜穆去得早，他家在貴州錦屏縣，聽說礦產豐富，猶待開發。姜穆知悉後有點心動，估量自己的能力，決定做限額投資，這一方面為家鄉盡一份心力，一方面也幫助親人晚輩有個翻身機會。他第二次返鄉，就展開行動。時隔數年，聽說他撤回資金，原因是家鄉的地方官員保守，對新社會認知不多，遲遲未將開發計畫擬妥，更不要說往上報了。姜穆對此有些氣憤，在牌局上說：「辛鬱，你們家鄉到底是讀書人多，腦筋轉得快，各地開發熱火朝天，你是聰明人，一定也受益吧？」

他哪裡知道我在這方面是個笨人，什麼事業不能投資，竟選擇了土法造紙（棉、宣兩種紙式），結果嚴重污染水質，被勒令關廠，老本蝕光。好在我本無太多投資，算是花錢買經驗，姜穆聞知，笑笑說：「還是兩袖清風，活得自由自在。」

姜穆的創作涵括論述、詩、散文、小說、劇本等文類。

瀟脫自在的人生觀

姜穆確是一個活得自在的人，他得了心臟病，狀況不輕，但一出醫院，菸酒全沾，而且菸量更增。你勸他：老哥，身體要緊。他瀟脫一笑：「閻王還點不到我姜某人小名。」

他進「聯合報系」，在《民生報》是年齡最高的編輯，人緣好，知名度高，所以跟報社各方面關係良好，互動熱絡，但不求人。總編不分版面給他，卻每天都有版面可編，這叫作「通編」；哪版編輯請假他就代班，要沒有幾下子，行嗎？

他有時嚴肅，一本正經的樣子教人不敢親近；但大部分時間親切近人，有點像開心果。香菸一叼，黃笑話也會來上幾段，他都說是別處聽來的，絕非瞎編；這也顯示他為人謙虛。

多年前一次文藝中心音樂廳茶聚，羊令野請客之後難得大家不散，還有興致學做「白頭宮女」。在座有彭邦楨、于還素、大荒、姜穆、羊令野、張默、我，還有一位年輕朋友。那時盛行「缺席批判」，大家先批瘂弦、次批楚戈、再批司馬中原，好事醜事一籮筐，笑得人仰馬翻。突然之間姜穆不知何故起身告辭，說是忘了一件事情要辦。一件什麼要事急著去辦？朋友們會心一笑，不加追究。這一伙人，如今只有張默、那位年輕朋友和我還健在，感慨之外，我們也只能好自珍重。

（原發表於二〇〇九年一月《文訊》二七九期）

管管

本名管運龍，籍貫青島市，1929年8月9日生，1949年來台迄今。通信兵學校軍官班畢業。曾任排長、參謀、電台記者、電台節目主任、編輯，《民眾日報》出版部主任等職。1971年與張默等創辦《水星》詩刊，1982年至愛荷華「國際作家工作坊」訪問。詩作的音樂性高，常利用意象語與反理性的創作法製造「驚愕效果」。著有詩集《荒蕪之臉》、《腦袋開花——奇想花園66朵》、《茶禪詩畫》；散文《請坐月亮請坐》、《春天坐著花轎來》、《管簫二重奏》（與蕭蕭合著）等。

掌聲終於響起

——略述全才詩人管管

管管有多方面才藝，說、學、逗、唱，都有那麼一手。閒書滿書架，看多了，對舊事物、舊文人信手拿來引用，入詩、入散文，都饒富趣味。

玩詩、玩畫、玩奇石、玩樹葉，加上他那獨特的朗誦、唱唄等，在文壇真乃一絕。

別看他高高壯壯，出口粗放豪邁，膽量卻不大。聽他談一件事，可以從東到西、南到北，範圍越說越廣，恍若舉一反三甚至反五；其結果卻仍是開頭說的那檔子事。

所以，我為管管沒有選擇去做個演講家或傳道人抱憾！

認識管管久矣！一大籮筐事兒不知該挑哪一件先說？

溫柔的山東漢子

在金門那一年多，「四人幫」丁文智、大荒、管管與我，儘管戰地生活單調到近乎枯燥，我們自有一套對應之道。口袋都不豐裕，卻總能在每隔一個星期的聚會中，端出至少四菜一湯，有魚有肉的酒席。

幾十次聚會，到金門東邊管管駐地的次數較多。為何如此？因為管管獨當一面，這位通信排排長有一座專屬自己的小天地——碉堡。我們一去，他裡外收拾得乾乾淨淨，還採些碉堡周邊草地上的小黃花，插在小高粱酒瓶裡，弄得有些兒羅曼蒂克氣氛。天氣好，酒菜端放在草地上，讓螞蟻共享，儼然四個活神仙。

吃喝之外，有節目，認真而嚴肅，就是互批各人近期詩作，或做讀書心得報告。

我有一陣子迷糊，把時間耗在陪播音小姐們看電影，交不出卷，挨了大荒狠狠一頓批，管管在旁幫襯幾句，丁文智沒吭氣。場面很冷，我灌下一大口酒，唱了首小曲賠不是，管管不知怎地心血來潮，也唱了起來，一唱兩曲，說是給我這老弟賠罪。

我怎生受得？就又灌一大口酒。這一天，我是真的醉了；醉在朋友的情誼之中。

保有質樸之心

一九八八年九月返鄉探親，我與管管、張默等同行，先探親後參訪。第一站杭州，然後上海、北京、桂林、廣州、香港，每一站都與管管同房。管管習慣在房內脫個精光，我不習慣，但不在意。

在北京「竹園賓館」，庭園式的建築，房間各不相連，對管管來說，真是得其所哉！誰知道第二天晚上，我大哥從天津來探視，一進門就看見光溜溜的一條漢子，有點吃驚，管管趕緊往被窩裡鑽，連說七八回「對不起」。

管管與我大哥在杭州已見過面，這一次「袒裎相見」，讓我大哥加深印象，所以談得十分投緣，第三天，就應邀與我同去天津。

在天津，管管看到了一個真正的老共產黨員——住陋屋、穿粗衫，不為個人謀。返回北京的車上，他一直叨念著，「少見，少見哪，居然還有這樣的高級幹部，1949年前的老革命。辛鬱哪！你大哥我佩服！」

我們就這麼一路從北京到桂林，從桂林到廣州，從廣州到香港。最後這一站，坐廣九鐵路快車，由於一路上蒙各地詩友贈書，行李超重又超重。在旅館裡，我跟管管商量：「把沒什麼必要的書留在房間裡，怎麼樣？」

「這怎麼行？人家好心相送，總得好意帶回。」管管認真的說：「你拿不動，我幫你拿一部分。」

就這樣，我們拖著、背著行李上了擁擠的火車到香港。不走運的是，我的一件行李手把斷了，從下車到檢查站辦入港手續等過程中，當時如果沒有管管在，我真會抓瞎！

重情重意

管管重情義的另一些例子是：瘂弦臥病榮總，他經常前往探視，編些朋友們的趣事逗對方高興，排遣病中的煎熬；覃子豪先生去世，管管像失去一位家中長者，多次傷心流

管管年輕時曾擔任張永村畫作的模特兒。（管管提供）

管管的畫作富有禪意與童趣。

管管的創作風格與技巧常有出人意表的驚喜與幽默。

1975年，管管榮獲「第二屆中國現代詩獎」。坐者右起：紀弦、管管、施友忠及其夫人、吳晟、蓉子，立者右起：辛鬱、林亨泰、商禽、瘂弦、羅門、張默、洛夫、羊令野。（管管提供）

淚，他常說：「我們這一伙，難得天南地北跑到台灣來相會，你不疼惜我，我不疼惜你，叫誰來疼惜？」

正因為如此，管管對一草一木，一景一物，都倍加愛護，他的詩或畫裡，便也多了些小花小草小昆蟲的身影。他喜於移物入詩，將之擬人化，娓娓道來，那缸那轎子，那燕子與蝴蝶，全在他的詩中活蹦亂跳。我喜歡他這樣的詩與畫，而對他寫戰亂、寫人性醜陋面，由於太過點染而不甚喜歡。

管管是道地山東漢子，雖然他偶然會說自己是南邊蠻子的後代。或許管家祖先自外地入籍山東，管管有時候倒真有些南方人的細膩作為。譬如他詩畫中的風箏，禽鳥與山水，筆觸細緻，敷色稚麗，他收藏石頭、樹葉等，不若印象中山東人的粗枝大葉。

他是獨子，所以七歲時還吮吸媽媽的奶頭。或許是戀母意識吧，至今一說到老娘親，我們這位山東仁兄還會拭眼淚。但是我們迄今還沒有讀到他完整的寫母親的詩，盼望能早日拜讀。

當兵是無奈，讓他早早做了孤兒。可是這也造就了一個風格獨特的詩人，讓人間多了一種詩的芳香；人說豈不妙哉！管管說不定自己也深感慶幸，在大動亂中保住小命，來到台灣竟大大演變，從小兵小官跳上了文化人台階；寫一會兒詩、畫一片刻畫、演一齣人世活劇，拍一部綺妙電影，他幾乎十項全能起來。

但這不是運氣，不是順手撿來的，這是下了幾十年功夫，吃了不知多少苦頭，才有這一番差堪老懷坦然的自得。管管說：「這是應得的。」

不是自傲，這句話，當也是瘂弦、商禽他們，可以坦然告白的。但是過程中若非朋友們互相扶持，恐怕亦難成事。

算一算，五十多年來，要感謝的人還真不少。管管說：「我第一首詩〈放星的人〉，五十年前在《藍星詩頁》發表，覃先生還嘉勉我幾句。後來覃子豪生病，我到台大醫院看望，他還提起這首詩；這樣的前輩，你說我感不感激？紀弦、羊令野、彭邦楨這幾位前輩，我也很感激，見面總是對我新發表作品稱讚一番。瘂弦給我的鼓勵更多，每次在《聯合報》以外的報刊登詩，他看到了總會來張明信片，稱讚我的新作寫得好。」

多元的表演慾

寫詩是一種心情的宣洩，但有時似乎還有塊壘鬱積，心頭沉沉悶悶，這時候極需要用另一種方式來排解，繪畫的念頭，就在此時興起。那時他已認識畫家丁雄泉，相見後頗為投契，便也暗自作了些樸拙的小畫。

民國六十年代是管管開始出頭冒尖的好歲月，先出版了詩集《荒蕪之臉》，繼而與小說才女袁瓊瓊結婚，年底長女出生。六十二年初識丁雄泉，六十四年獲得「第二屆現代詩獎」，六十六年以〈車過圓山〉一文獲金筆獎，六十八年參與電影《六朝怪談》的演出，並為該電影編劇，六十九年以〈村頭井邊桃花〉獲中國時報文學獎佳作。

這一串成績引起美國愛荷華大學國際作家工作坊的注意，管管在七十一年應邀赴美，碰巧遇上被稱作「中國的良心」的劉賓雁，結為知己。

回台後，接連參與多部電影的演出，然後登上舞台，在《暗戀桃花源》中演出，而成

2008年9月合影於「管管80歲生日派對畫展」，左起：魯蛟、顧重光、李瑞騰、管管、王憲陽。（管管提供）

為舞台、電台、電視三棲明星。那時的管管，詩畫創作從未間斷，對此，他有一段自白：

你問我哪來的精力，我不知道，也許是從小親娘的奶喝多了。我這麼想，既然幹了這一行，總得鼓足力氣往前幹。山爬了一半，能不上去看看嗎？山下全看了，也看了個夠，不上去看看，不甘心哪！

「不甘心」是管管常出口的一句話，精短、有力。這也十足說明，管管是一個道地的山東漢子。

他喜歡站上舞台，也夠格站上舞台，不過，要防備他一上去不肯下來。這也許是表現慾作祟，說嚴重一點，是表演狂。好吧，那你老兄就演吧，好好的演。不要在代誦別人的詩時給加些醋，灑上幾粒鹽，這會傷了那作品。然則管管老哥，在這種節骨眼上，總犯了情不自禁症，越發的誦得起勁，演得爽利。

以「我」執獨有的禪機

管管當兵未久去過海南島，這多位詩家文士落難之地，他在六十年後又去了一次，兩種印象已難重疊。我問他能否以詩記述，他未作聲；我希望他對此題目有所發揮。

對於軍旅生涯與返鄉探親這兩大可以大大發揮的區塊，管管似乎著墨不多。也就是說，他作品中少見第一人稱記事抒感之類。在近年逐漸出現的對管管作品的論述中，似乎還沒有專文論述此一命題。

「我」執固然有礙文思運行，但若不見「我」心「我」意在文中，又如何對「生命」這一題旨，作深入剖白？管管或許該稍作思索。

近年來我們常在「時空藝術會場」見面，在座諸君子，都雅好藝文並各有所專所成，可以彼此心神交會。管管一去，常有奇言妙論出口，頗富禪機。尤其，他那位嬌小年輕的太太梁幼菁（以黑芽筆名寫詩），與一身帥氣又一臉聰穎的兒子管領風相伴而來，一家和融令人羨煞！

不久前，詩友蕭蕭策畫，明道大學主辦的「濁水溪藝術節」，管管唱重頭戲，從詩畫展、演講、座談會、朗誦會到一場作品的「學術研討會」。我因手腕毛病做復健，未能作個配角，殊感遺憾，但深為老友慶幸。

坦白說，管管以其詩作的獨特風格，朗誦的傳神，以及樸實而童趣盎然的畫作，加上電影、電視、舞台劇三領域中的表現，似乎早應被列為研討對象。然而詩界高人多，且多時各踞一方，被尊為典範，管管也只好耐著性子等！如今他終於贏得掌聲；作為老友，我亦深有榮焉！

（原發表於二〇一〇年二月《文訊》二九二期）

大荒

本名伍鳴皋，別號虛谷、金鈴子、伍厚枝，籍貫安徽無為，1930年1月2日生，1949年隨軍來台，2003年8月1日辭世。台灣師範大學國文專修科畢業。曾任陸軍士兵、中尉軍官、國中教師。曾參與創辦《現代文藝》月刊，後加入「創世紀」詩社。曾把民間傳說《白蛇傳》，改編成長篇詩劇《雷峰塔》，為現代詩的內容與形式，尋求嶄新的方向。著有詩《存愁》、《臺北之楓》、《剪取富春半江水》；散文《在誤點的小站》、《春華秋葉》、《山水大地》；小說《有影子的人》、《火島》、《無言的輓歌》；劇本《雷峰塔》等。

載道與創新

——略述摯友大荒

金門四人幫

在金門那段時日，大荒以運輸連汽車官的身分，比當步兵連通訊官的管管、空軍修護士官長的丁文智，與金門廣播電台准尉編撰官的我，神氣許多；因為他有一輛吉普車，可以載著我們到處跑。不過，油料不夠的時候，就非靠丁文智不可；他在飛機場，油料多得是。

我們這個因詩結緣的四人小組，在金門將近十四個月期間，經常聚在一起，頻率幾近每個禮拜一次。當然，由於金門廣播電台地點適中，又有播音小姐的婀娜多姿可以欣賞，他們三個到我這邊來的次數必然較多；但東道主不一定是我。那時候大黃魚、螃蟹輕易可以買到，加上最最新鮮的牡蠣，我們的海鮮大餐通常由我掌廚，有時候也請電台的炊事班長幫忙。酒呢？丁文智供應的次數較多。有幾次在管管駐紮的金東某陣地裡，那就一切由管管張羅，他那兒少了異性，老小子會採些小黃花插在喝空的酒瓶上，東一瓶西一瓶的，把小小碉堡內的殺氣給清除不少，另有了一番詩的氣氛。

這場景，讓多愁善感的大荒動了感情，他常常會喃喃自語，我們聽不清他在說什麼，猜想他大概又在牽掛中學時候的小情人了，大荒愛掉眼淚，常常在大家喝得半醉開始說大話的時候，我們自然也受到感染；因為金門離大陸那麼近，故鄉似乎也近在眼前，我們誰不想家呢？

當然，喝酒想家絕不是我們聚會的目的。大荒在發起定期聚會時，曾經表情嚴肅的說：「每次聚會，一定要帶作品來。」這也就是說，聚會以讀詩、談詩、討論詩為主。

在那十四個月三十多次聚會中，我們確實做到了。這期間，大荒完成了《存愁》這本詩集中大部分作品，也完成了長篇小說《有影子的人》的初稿。不僅如此，在我們討論作品時，他的態度認真嚴肅，會不時指出我與管管意見中的不周之處，幾乎不留一絲情面。有一次，我因為一週內連看幾場免費電影，作品交不出來，挨了他一頓訓，我虛心聽訓，事後，他卻說：「我話說重了。」

大荒長相英挺，講話細聲細氣，動作也甚優雅，卻因為當兵十來年，一生氣，難免粗話連連，對此，我稱之為「當兵後遺症」。

與我相識，大荒常稱為「一大樂事」，因為經由我引介，他不僅認識管管、丁文智，也認識了楚戈、商禽、秦松、李錫奇、梅新、姚慶章這一伙在台北搞現代詩與現代繪畫的朋友。

那年是八二三砲戰過後的第三年，我再度被派往擔任一個新差事——廣播電台撰稿兼記者，心中十分不甘，卻軍令難違。到差不久，大荒來找我，他先我三個月到金門，從紀弦前輩那兒得知我也來了，特地開著吉普車來找。坐了吉普車到山外街上轉一圈，再回到陳坑，我們就一見如故的吃起陳坑有名的鍋貼、酸辣湯，喝小瓶高粱酒，佐以花生豆干豬頭肉滷味，似乎有飄飄然之感。告別時，約好下次由他請吃牛肉麵，這時我才告訴他，此地還有管管、丁文智在。這便有了金門四人組，有意義的度過了原本枯燥乏味的十四個月。

四人組散伙後，情誼猶在，我們以通信方式交換作品，但熱度冷了些。後來因為我生病療養，管管為調離野戰部隊奔波，丁文智台中、中壢兩頭跑，大荒準備投考師資訓練班，不得已中止了這個至今難忘的學習活動。大荒當時在北部某單位，只有假日能外出，有一天到林口來探病，看到我骨瘦如柴，扶著我虛弱的身子哭起來，我一直自許為硬漢，也淚流滿臉跟著這位性情中人哭一場。不久，他調往台中，談起戀愛來了。

「在抗議中」的作家

五十年代中期，他的長篇小說《有影子的人》由皇冠出版社出版，寄給我一冊，我那時剛恢復健康，熱中於「現代藝術季」活動，沒有細讀《有影子的人》，他來台北參加第二屆「現代藝術季」開幕式，熱鬧過後，他問我《有影子的人》一書的讀後感，我無言以對，他應該不悅，卻說：有空談一談，我會重視你的意見。

《有影子的人》以一段淒哀的愛情，深度刻劃軍中的人權狀況，默默而強烈的對軍中人權的陰暗面提出了抗議與譴責。我在讀後，向大荒報告心得說：「人權如同人的影子，喪失了人權也就沒了影子，所以，大作的書名，應該用沒有影子的人才對。」

1966年攝於「第二屆現代藝術季」展出的李錫奇即興創作作品，左起：李錫奇、秦松、辛鬱、大荒。

大荒回信說：我用有影子的人為書名，是一種顛覆、一種反諷，唯其如此，才顯出抗議的力道！

是的，大荒在我心目中，一直是一個「在抗議中」的作家，一個秉持創作良知的現代知識分子。他的許多作品，包括詩、小說、散文，都或多或少，或強或弱，或正面或側面的反映了抗議精神，吐露了一位有使命感的作家內在真實的心聲。

他的抗議有多重面向，尤其是對戰爭、對政治的強權、對社會的不公、對人性的貪婪、墮落及色情與毒品的氾濫，甚至文學藝術創作上的逾越人性情況……，這一切都成為大荒抗議的對象，因此，

1977年，葉維廉、鄭樹森回台時合影。前排左起：大荒、葉維廉、廖慈美、蓉子，後排左起：辛鬱、張默、羅門、鄭樹森。

他活得很苦，而這時，他又患了血液方面的重病。

民國六十年代經濟起飛，人們逐漸開始擺脫貧窮，遂也產生了一些腐蝕現象，大荒有所發現，開始寫精短的雜文，他採用一種與歷史接軌的寫作方式，表達對社會變貌的憂慮，企圖以短文點點滴滴的積累，給現實中的敗象一絲絲警惕的作用，然而效應不大。

抗議與溫婉的導引，成為大荒晚年詩文的一個主要表現，他遂有「文以載道」的自許，也確實以此而獲得不少文友的重視與尊敬。

七十年代後期開放老兵探親，我們部分詩人第一批走上歸鄉之路，一個個興匆匆的去，心戚戚的回來。大荒未與我們同行，他獨自回老家安徽無為，回台後攜帶父親的遺像懸置家室，他的作品隨之有了更深沉的轉向，家國之間、鄉親與故土，在他筆下一一重活了過來。在詩集《剪取富春半江水》（曾獲「中山文藝獎」）中，多篇作品讓人讀來感懷多而深。

載道而不泥古

大荒與我的友情，曾因他婚姻生變而中止一段時日，他那時在台北市教國民中學，我在《科學月刊》工作，偶爾通電話，也只是問好而已。幸虧張默兄一直與他保持聯繫，偶爾約他出來小聚，席間有羊令野、彭邦楨二老，碧果與我湊一角，飯後到文藝中心品茗，半日相聚，但交談不多。直到他的婚姻問題解決，才像重活一次，而更加緊握筆桿。

不久，在文藝中心，我們居然看到大荒與一名學生裝的女子並肩而坐，初看似乎是在為她溫習功課，實則情重意長，彼此心中已互有所託。我們樂見此情此景，多年後，他倆終於良緣共締。這位女子就是文筆犀利常為真理真相辯護的陳昭瑛。

八十年代後期我受命辦《國中生》月刊，多蒙大荒協助，審改創刊初期大部分文史類稿件的文句，每篇均附讀後感，精闢細緻，對投稿人應有一定程度的參考價值。在這之前，我主編《人與社會》雜誌，凡有藝文類座談或演講會，他一定抱病參加，捧場在次，主要是幫我整理紀錄。他說：你老弟為文化事業盡心，我不能袖手旁觀。

他大去前不久摔了一跤，從醫院返家後，動手寫長詩〈九聲〉，針砭之作，字字珠

大荒的作品有「文以載道」的自許。

璣，張默約我與丁文智去看望，帶了酒菜，痛快飽餐後，他以〈九聲〉饗客，我讀未及半，已感動眼濕。但這一「載道」佳篇，雖以非常創新的技巧寫成，發表後，卻被一些人視為保守、道學，而未獲應得的嘉譽，大荒走前，心中不無餘痛吧！？

遠行五年了，朋友們常在聚會時談論起他；特別是他晚期詩作，至今尚未結集出版。綜觀大荒的寫作生涯，可說是起伏曲折，早期創作量多，中期因病減產，晚期進入旺產卻不幸病故。他的文筆收放自如、冷熱有致，除詩與小說外，亦有散文與劇本出版。劇本《白蛇傳》曾由許常惠譜曲編為歌劇，在台北市中山堂演出，極獲好評。

他的各類作品每多「載道」，對社會與時局多有針砭；但「載道」而不泥古，而且時創新詞。在「載道」與「創新」的互動中，大荒建立了作品的特性與風格，讀來令人深思。

（原發表於二〇〇八年四月《文訊》二七〇期）

商禽

本名羅顯烆，又名羅燕，別號羅硯，另有筆名羅馬、壬癸，籍貫四川珙縣，1930年3月11日生，2010年6月26日辭世。1946年從軍，1968年退役，曾任《文藝》月刊及《青年戰士報》副刊助編，參與《中華文化復興》月刊編務，《時報周刊》副總編輯。詩作曾被譯為瑞典文、英文、法文、德文在國外出版。創作文類以詩為主，是台灣「現代詩運動」初期的健將。著有詩集《夢或者黎明》、《用腳思想——詩及素描》、《商禽・世紀詩選》、《商禽詩全集》。

以生命本真書寫生命

——略述商禽其人其詩

剛滿十五歲，商禽就穿上了軍裝，當一名做些雜務的小兵。那時抗日戰爭已近尾聲，部隊紮營成都，閒著沒事，逛祠堂，居然讓他發現了從未讀到過的書。巴金、老舍、艾青、臧克家……這些名字，都好陌生，但是那些書，讀起來不難懂，而且叫人感動；這第一次接觸，讓他終身不棄。

抗戰勝利後復員返鄉，只待了短短幾十天，就又加入軍隊；從此四十三年之後，才重見面目全非的老家。部隊在廣東、湖南一帶停停走走，在小規模的接觸戰裡，他看到了戰神的猙獰面目，因而終身反戰；這也造成心理上被拘囚而又脫逃的顛躓印象，並在其作品中有更多陳述與表敘。

人生體悟入詩

商禽從一九四八年開始試寫新詩，是我們這一伙人中較早的一位，但是他下筆嚴謹，所以創作量不多，在去年出版的《商禽詩全集》中，共收錄作品一百六十七首。他在一九五三年先以「羅馬」筆名於《現代詩》發表詩作，一九五七年改以「壬癸」筆名，一九六〇年再改以「商禽」筆名。在這一階段，已有常被各方論述推介的〈長頸鹿〉、〈躍場〉、〈滅火機〉等名作產生。

在此要特別插上一筆：〈長頸鹿〉這一名作，商禽當初首先投寄《藍星季刊》，卻被主編覃子豪先生退稿。如今細想，覃先生退稿的原因，應不是認為這首詩寫得不好，而是他詩中所表現的對於自由的渴望，以及生命被囚禁這一嚴肅命題，在六〇年代政治的壓縮氣氛下，有所顧忌導致。

1966年初夏，於國立台灣藝術館門口合影。左起：許世旭、楚戈、辛鬱、商禽、張拓蕪、楚風。

一九五六年，紀弦組織「現代派」。商禽、楚戈與我，都參加了「現代派」成立茶會，在會場上結為知己。其時商禽在大直軍官外語學校當上士警衛班長，楚戈在士林一個裝甲兵單位當上士文書，我是六張犁營區某單位的作戰上士，待命移駐金門。

1973年夏，美國詩人羅森堡偕女友訪台合影。坐者左起：瘂弦、葉維廉、羅森堡及其女友、沈志方，立者左起：管管、張默、辛鬱、張漢良、洛夫、商禽、大荒。

在未赴前線的一個多月裡，每逢假日，我們約好秦松與王凝（都參加「現代派」），不是去王凝服務的正聲廣播公司位於長安西路的營業部，就是去秦松服務的台北市女師專附屬小學。商禽一定會帶著他從學校池塘釣的魚，為小小的餐聚增加一道菜。

商禽是不是釣魚高手，楚戈與我的看法或許不一，但我們在閒談雜論中，都悟出這一點道理，那就是商禽必然在釣魚過程中，體悟到釣者與魚的那種收、放關係，並延伸為他詩中那番拘囚與脫逃的生命掙扎。

我在金門經歷「八二三砲戰」，得識戰爭的另一貌相，寫了一首用句遣字並不考究的長詩，敘述我的感悟。商禽後來在台東大武守海防，大概又讀了我那首詩，來信說：「你為戰爭作了一個小小註腳，切實又動心，看來，你終於找到自己的詩路了。」

這話對我來說很受用。因為，我自寫詩以來，似乎一直找不到自己的路子，在金門期間，才逐漸趨向以寫實取代虛擬，多寫切身感受。

商禽自判為「快樂想像缺乏症」的患者。如今我檢視自己的詩，所謂「快樂想像」的色素，似乎也淡之又淡；原來我也是一個「快樂想像缺乏症患者」呀！我走著近似商禽的詩路；只是他深我淺，他立體我平面。

生活幾多煎熬

一九六二年，我二度金門調回台北後，經常有機會與商禽見面，共同為現代藝術的萌發敲邊鼓，在台北市少數接受現代藝術展出的場所，經常可以看到我們（包括楚戈、張拓蕪等）的身影。那時商禽的詩作已引起注意，而由胡品清譯為法文，葉維廉譯為英文，分別向國外推介。到「現代藝術季」活動推展時，他卻缺席了。

他被調離警衛單位，幾近被貶調到台東大武守海防。撈捕鰻苗，是他在大武海邊的一段艱苦的生活紀錄之一。與我有多次通信，談的大多是當巨浪澎湃時，他在淺水區心理與生理上所受的衝擊。鰻苗能賣好價錢，但到他手上的鈔票，卻只薄薄幾張。這煎熬，都是為了他預留在想像中可能獲得的幸福。不久，一九六七年，他與女詩人羅英結婚了。又過了不到一年，他退伍，還其自由身。但生活艱難，於是在朋友的出版社當編輯，在高雄碼頭當船艙工人，後來又跑單幫，從高雄到台北，販售在那時被視為奢侈品的洋菸與玻璃絲襪。

這樣又煎熬一年，終於在一九六九年九月，應美國愛荷華大學國際作家創作專案的邀請，以作家身分進駐該校，而有了轉機。是年十月，由我負責編務的「十月出版社」，為他出版處女詩集《夢或者黎明》。

商禽在美國一待兩年，除獲得愛荷華大學榮譽作家頭銜，也曾先後在美國中西部重要基金會、圖書館、博物館以及大專院校等處朗誦詩作，並在紐約餐館打工，與秦松短期相處。

一九七一年十月返台，先後任職台北市某國民中學、《中國文化月刊》等處。一九七三年後與羅英共同創業，開設托兒所，為時五、六年，其間甜酸苦辣遍嘗。我曾多次親眼看到商禽撩衣袖、捲褲管，滿頭大汗的拖地板、抹桌椅。生活的曲折、磨難，點滴積聚，也更加在他詩中助燃「脫走」的意念之火。

接著是「賣牛肉麵時期」，先在永和某街一條小巷，牛肉麵的香氣雖然四溢，卻乏人問津；我去吃過他的牛肉麵加一塊滷蘭花干，味道非常好。由小巷子轉移陣地，到交通要衝的中正橋頭，店名「風馬牛肉麵館」；有人念成「風馬牛——肉麵館」，倒是別有趣味。老朋友紀弦，同道瘂弦、洛夫、張默、楚戈、管管、大荒、梅新、楊牧、鄭愁予、羊令野、林懷民、彭邦楨等，一大伙人都去吃過；「夠味！」是一致評價。店裡掛著羊令野的書法、李錫奇的版畫、楚戈的水墨，氣氛陡然雅了起來。

但是開不多久，也宣告歇業，商禽有〈風〉、〈馬〉兩詩寫於其時，不無嗟嘆感慨以記其事，我曾以同題兩詩和應，向老哥略表同感。

拘困與脫逃的反覆顛躓

接下來，商禽緩步進入較為舒鬆的順境，他經由李錫奇引介，到《時報周刊》工作，由編輯到編輯主任再到副總編輯，自一九八〇年起直到一九九二年八月退休。

這期間，手頭較為寬裕，他開始蒐集陶瓷藝品，從民間到官窯，先後蒐集數百件之多，其中以水滴、硯台居多。更可貴的是，在大陸某地古物市場，蒐購到十分珍稀的《十竹齋畫譜》。

在《時報周刊》之前，商禽曾與梅新應聘到中華

商禽的文學生涯橫跨半世紀，於美學上創造出來的縱深，引起研究者探索的興趣。

文化復興運動委員會，幫老友逯耀東編刊物。委員會藏書裡有一套完整的《新月》月刊，梅新當時正與高信疆等辦「雕龍出版社」，便與商禽計議，把《新月》全套重印。怎知《新月》尚在被禁階段，重印而又發行是違法行為，結果「過失」不追究，但已印好的全套《新月》月刊不得發行，已發行的全數收回！

這經驗，跟我早他們兩位十年出版《沈從文自傳》一個樣兒；不過，我是曾被傳去問話的。在商禽心中，這件事恐怕也引發「拘囚」與「脫逃」的反覆顛躓吧？

他自《時報周刊》退休後，我們曾多次組團到大陸各名勝古蹟旅遊，有一次他護照遺失（旅行社的過失），補發後未註銷原本，到了機場又遭到治安人員的留置，失去了到玉門關遠觀殘壘、嘗沙塵暴滋味的機會。這次經驗恐怕也曾挑起那根「拘囚」與「脫逃」的神祕神經吧？

商禽詩作曾獲多位詩學家的欣賞，尤其得到諾貝爾文學獎評審委員馬悅然的高度肯定，曾被推薦參與某年該獎的提名審查，這是極高的榮譽，但商禽內心雖然稍感寬慰，卻從不在人前炫耀。

晚年患帕金森氏症以後，行動不便，他幾乎隱匿自身，但他的詩，卻常在許多人的心中活躍著；因為這些詩，關乎命運與生命的本真！

（原發表於二〇一〇年一月《文訊》二九一期）

魯蛟

本名張騰蛟，另有筆名魯丁，籍貫山東高密，1930年6月22日生。政治作戰學校政研班、國防管理學校後勤管理班畢業。曾任《精忠日報》副刊主編、行政院新聞局主任祕書等職。27歲加入紀弦所倡組之「現代派」，並與友人創辦《桂冠》詩刊。以本名寫散文，筆名寫詩。著有詩集《海外詩抄》、《時間之流》、《魯蛟短詩選》；散文《一串浪花》、《原野之歌》、《鄉野小集》等。

兩條軸線

——略述魯蛟的生命歷程

數十年來，在台北市郊四獸山——特別是虎山——一帶，早起的登山客中，總少不了魯蛟與他太座的身影。不同於一般登山客的是，這對恩愛的夫婦，不分春夏秋冬，除了颱風下暴雨，每天都準時向獅山報到；時間是半夜三點半，一登兩小時。

生活有規律，是魯蛟一生不懈奉行的信條。舉例說：你如果與魯蛟有多次相聚，同他在一起開過兩次以上各等會議，你會發現，他總是最先入場的與會者。他說：

「早到，可以多跟朋友打招呼，多同與會人交換意見，一舉兩得，何樂不為？」

魯蛟，本名張騰蛟；他以本名寫散文，似乎較以魯蛟筆名寫現代詩，更廣為人知。他的散文作品曾十餘次被選入兩岸三地國文教科書，其中〈那默默的一群〉與〈溪頭的竹子〉兩篇作品，還多次多版本的選入。他一共出版二十餘本散文集（其中包括詩與小說合集，及人物傳記、勵志小品等），八年前出版的《結交一塊山野》（文經社），印刷精美，內容扎實，當時曾獲得許多佳評。

他是標準的木訥寡言、沉穩厚樸的山東人，從不與人爭勝，但為了彰顯事理，山東人脾氣一上來，就非與你爭個明白不可。

在文藝界，他是個不被人議論的謙謙君子，然而他有所堅持，所以這些年來，他的詩常常冒出一串火星，灼熱的、辛辣的；他忍不住要藉作品批判社會的污穢，以及政客中那些醜行丑態。

可是他從來不張揚，四處炫耀自己何等的威風凜凜，在他是不取也不幹的。

允文允武・兩馬相望

我們這一伙人喜歡話當年，魯蛟卻不喜歡。有幾個人知道魯蛟的當年事？他允文允武，在文武兩界幹過啥事？他不說，我卻要代他略作表述。

魯蛟肖馬，在他家客廳面對面掛著兩幅葉醉白的單騎奔馬，各逞神采。他告訴我，醉白先生是軍界前輩，雖未曾做為直屬部下，卻也算是同屬一個大單位。魯蛟早就心儀這位長官畫馬，終於逮到一個機會，他透過一位熟知醉白先生行止的朋友，求得這位畫馬大師大筆一揮，以一幅單騎奔馬相贈；那時候魯蛟已在行政院新聞局任職。另一幅，則是在棄武就文，於行政院新聞局主任祕書職位任滿後，由同仁集資合購贈送，做為退休的紀念品。

兩馬相望，對肖馬的魯蛟來說，真是再也適意不過。但是他心懷憾意；就是未能在文、武兩領域，揮戈躍馬，或筆掃千軍，以兌當年從軍報國之志。

軍伍生涯中，最不能忘的，是「八二三砲戰」前後那幾年。那時候，在軍中耍筆桿，而且又寫詩的，金門一地竟有十人之多，他們是一夫、沙牧、辛鬱、依穗、徐礦、莊文貴、梅新、魯蛟、戰鴻、劉布。一夫在《正氣中華報》，依穗與戰鴻在心戰單位，其他七人都在野戰部隊。印象中，梅新、莊文貴與我是士官，七位軍官中以魯蛟的職位最高，他是中尉代理連長，不久真除，及後又升級上尉。

我們的相識串連，都經由前輩詩人紀弦；老人家怕我們在金門寂寞，一一介紹相識。我與魯蛟相識，透過與他同單位的梅新。記不得什麼時候，但在民國四十六年七月以前，我去看梅新，他問我要不要去看一個官，我說看一個官幹啥？梅新說這個官也寫詩，他又說紀老來信要我介紹你們認識。就這樣，在梅新引介下，同魯蛟見了面。不久終於知道，魯蛟在當時金門軍中名氣響亮，他不但得到地區最高長官的獎勵，也得到常去金門視察的國防部長俞大維的獎勵，其間還有一位美軍將官雷士頓的一再稱讚。魯蛟何以如此「神」！寫現代詩嗎？非也。

那年代戰雲密布，對岸隨時都會發動戰爭，金門上下一心，加強備戰。而一說到備戰，除了官兵訓練外，最重要的工作是武器保養好，防衛工事做得堅固。魯蛟是連長，他的第一線防衛工事，經過各級長官一再督修，一次又一次改正，終於在金門全島防衛工事大檢閱中，獲得連級防衛工事第一名。

1957年，金門戰地詩人在半醉的情況下合影。前排左起：魯蛟、沙牧、梅新，後排左起：莊文貴、辛鬱、戰鴻、一夫。

2006年3月19日，丁文智詩集在內湖翠湖公園舉行發表會，眾文友合影。前排左起：辛牧、瘂弦、丁文智、辛鬱、張默，次排左起：隱地、尹玲、商禽，後排左起：楊平、管管、碧果、曹介直、魯蛟、龔華、向明、菩提、林煥彰、麥穗、談真、陳素英、謝輝煌。

真是難得的殊榮啊！在獲獎之前，那位美軍將領曾三次獨自或在旁人陪同下巡訪，非常認真與嚴厲的指出缺點，要求改進。得到這位「老外」的認可後，魯蛟有了出頭天，他即刻由代理連長真除，中尉的官階也在不久之後晉任為上尉。道道地地的上尉連長，是以不眠不休的戰地構工換來的。

我們在四十六年七月十一日，相聚在魯蛟的駐地，且不管防衛工事如何堅固，喝慶功酒比什麼都重要。我們舉杯向屈原致敬，向李白杜甫致敬、向東坡居士致敬，也向紀弦致敬，最後舉杯向魯蛟，大家都在半醉狀態，再喝下去，恐怕會壞事，於是，在沙牧嘔吐後，一伙人奔向金門城，拍了張團體照存念。如今照片中人已走了沙牧與梅新、戰鴻，莊文貴不知下落，幸而一夫、魯蛟與我還能常見面。

魯蛟的「陣地情緣」，時隔多年，竟還有續篇。那要從雷士頓將軍開筆寫起。將軍返美解甲，以平民身分再來台灣，創建「通用電子公司」並任總經理。某日他心血來潮，想起當年在金門，更想起小小中尉代理連長張騰蛟，於是，經過一番折騰，尋尋覓覓之後，兩個人戲劇性的重逢。而在《中央日報》寶貴篇幅上，才會出現一段「中美民間友誼長存」的精妙報導，搶盡了社會版其他各條新聞的光采。

在這多年老屋安身立命

在軍中後期，碰上國軍推展創作新文藝運動，魯蛟筆下功夫強，撰文告寫公文難不倒他，於是，一步一步從少校慢慢幹到上校。由於缺軍事學校出身背景，要幹上將軍不容易；他雖然沒有放棄，但也不存倖念。後來，在某一機緣下，「外職調用」由國防部轉職新聞局。

在新聞局，魯蛟一貫保持不忮不求，誠正簡樸的本色，在經由綜合計畫處長這個職位歷練後，接任主任祕書要職，六年時間，襄助多位局長處理公務，才得以全身而退。

回溯既往，魯蛟說：

「我的生命歷程是沿著兩條軸線進行；一條是公務上的，一條是文學上的。四十七年公務生涯是為了維持生活，五十多年（包含公務生涯）的文學參與，是為了充實生命；兩者缺一不可。」

作為魯蛟的多年老友，我最深的體會是，他在這兩條軸線並進的過程中，兼顧得非常成功。在公務上，軍人生涯雖然艱苦，卻是一個必要的歷練，如果少了這段歷練，他那許多精采的散文就難以成篇。因為源於生活的散文，如果未經艱苦的生活歷練，必然是貧血的、空泛的。其次，在文官期間，制式的公文之外，魯蛟必然敏感的從人來人往的官場風尚中，體會到，嗅聞到另一種氣息，你可以公事公辦、不聽不聞，但官場風尚會在許多細微末節中隱現、透露，它甚至是一種可以被聞到的氣味。魯蛟能寫一手好散文，詩的觸感又靈敏，他是能自然的不必刻意的追逐，就體會官場風習。而這，不也是他寫詩與散文的最好資材嗎？

魯蛟能寫一手好散文，詩的觸感又靈敏，自然且不必刻意的追逐。

所以，我覺得魯蛟還可以——而且一定有能力，更深入尖銳的寫。

魯蛟有一個美滿的家，他的居處雖然是老房子，但門前一排植物裝置，綠意盎然。小院日暖，映光入室，客廳裡除了醉白先生的馬畫，還有楚戈的結繩新書法，詩是魯蛟寫的，其意與楚戈的書法已溶為一體，很吸引來客目光。魯蛟武官做到上校，文官做到主任祕書（簡任），居然在這多年老屋安身立命，一住幾十年，你能不為這位潔身自愛，不忮不求的山東老鄉喝一聲采嗎？

雖然如此，我這山東曲阜人的後代，總想用老鄉身分，對鄉兄魯蛟說：老哥，該說的話要爽利痛快的說，寫也是一樣！

（原發表於二〇〇九年八月《文訊》二八六期）

丁文智

筆名夢雷，籍貫山東諸城，1930年9月26日生，1949年來台。山東省立青島臨時師範學校畢業。1956年加入紀弦發起的「現代派」，1968年與辛鬱、羅行、彭邦楨等合組「十月出版社」。曾任陸軍士官、飛機修護、空勤機工長，1999～2011年擔任創世紀詩社社長。曾獲陸軍新文藝金獅獎、國軍新文藝金像獎、中國文藝協會文藝獎章。著有詩集《葉子與茶如是說》、《丁文智短詩選》、《能停一停嗎，我說時間》；小說《恩重如山》、《小南河的嗚咽》、《吞了餌的魚》等。

把詩寫進咱的心坎

——素描詩人丁文智

在詩集《能停一停嗎，我說時間》一書中，有多篇作品，丁文智以一群寫詩老友為對象，經由悉心觀察，把他們的神態表情，動靜之間微妙的變化，以沉重、細膩的筆觸一一描繪。寫到這伙人雖然已入晚境卻不知老之將至的灑脫坦然，寫到這伙人品茗飲酒時的侃侃而談與渾然忘我的神情，寫他們苦樂人生的一波三折，真是傳神之極。而字裡行間，則嚴肅而莊重的，一再將時間運行的軌跡，借由這伙老友的相貌、行色與有時略顯倦乏疲憊的臉容，做了深度的刻劃，滿溢憐惜與悲憫。

歲月不饒人，時間奔馬上騎著的不就是丁文智他自己嗎？寫老友其實也是自述，我深知他如此寫的意思：切莫浪擲時光，朋友呀，讓我等把握當下！

丁文智曾經摔飛機重傷而活過來，因而他特別珍惜生命。他總是臉上掛著質樸的笑容，熱情洋溢，對任何人坦率以待，所以才會對多年老友一再觀照，寫出如此深沉的詩。

我寫〈死不透的歌〉懷念詩人沙牧，文中有一段談到沙牧二度失業，寄居丁文智家，文智讀後認為不該寫，他說：沙牧在我家，並沒有造成不便，反倒是對我有很多鼓勵，其一就是要我重新寫詩。

經他這一說，我重讀該文，覺得自己對故友確實有欠厚道。而丁文智不僅為人厚道，且樂於助人。

決定一生緊握筆桿

投身文壇六十年，丁文智以寫詩跨出第一步，及後則長期偏重小說寫作。紀弦先生發起組織「現代派」，丁文智與我都是第一批會員。民國四十五年「現代派」成立大會上，他與我躬逢其盛，第一次見面，但只互報姓名略作寒暄，直到民國五十年才在金門結交。

「金門四人幫」這個組合，在將近兩年時光裡，給我們——丁文智、大荒、管管、我，帶來許多歡樂，也使我們的文學生命有了進一步成長。

可想而知，四人相聚，話多而又會製造歡樂氣氛的，一定是管管。嚴謹、認真，說談詩就談詩，不得插科打諢，訂定這規則的一定是大荒。點子較多，善於安排每次聚會時幹些什麼，同時還得防著大荒與管管對槓，槓上之後還得設法化解，則是我的事。丁文智提供每次聚會時車用汽油，準備一些在金門不易買到的食物，譬如生日蛋糕；他服務空軍單位，職司修護士官長，請人帶來只需一句話。聚會時，幾杯高粱酒下肚，過足了癮，管管就先哼起來，我也湊興唱一曲，丁文智輕易不露，一展喉，就是馬派鬚生戲，有板有眼，真是高手。

那兩年相處，讓我們彼此成熟並決定一生緊握筆桿。

分別返台後，我們以通信維持友情。管管在南部，大荒在台中，丁文智成家早，眷舍在桃園某地，距離我營區不遠，所以在我調往台北市工作的前幾年，都到丁府吃年夜飯，分享家庭的溫暖。

有一年文智約了沙牧、管管、大荒與我，大荒先到，我與沙牧相約同行，管管遲到，沙牧一見管管，竟狠刮對方一記耳光，打得管管楞在當場，連在廚房忙碌的女主人也聞聲而出，場面弄得很僵。幸虧丁文智說：

「這是我們山東人初次見面的規矩。」

有這規矩嗎？我祖先是山東曲阜人，而且還是孔門弟子，但在北宋末期戰亂頻仍，一族人逃荒南遷，經河南、江西最後輾轉到浙江落戶，分為嘉興與慈谿兩脈。雖有這份淵源，我卻從未聽到任何一位長輩談及這個規矩。

真有嗎？其實是丁文智為化解一時僵局，心生急智，衝口而出。

這麼一來，大家鬆了一口氣，哈哈一笑，就幫著端菜上桌，吃起鳳英嫂的拿手好菜。至於沙牧為何對管管一耳光，迄今無解。

曾經歷經大小劫難

丁文智那時是空軍配屬陸軍某軍團的輕航空單位資深修護士官長，技術一級棒，配置在特勤專機上，經常隨同陸軍高級將領出任務，南來北往，把台灣大半土地的美麗景色看個夠。他有小說與散文描述飛行時的見聞與感悟，但好像還沒有在詩上出現。

2006年9月，詩人們合影於山東泰山。左起：辛鬱、張默、碧果、尹玲、龔華、丁文智、隱地、管管。

民國六十八年四月七日，天氣適於飛行，專機奉命出任務。搭載的是陸軍總部的長官，目的地台灣南部，任務是視察部隊演習。飛著飛著，隆隆的發動機突然出現異聲，咯咯一陣聲響，飛機急速下沉，轟的一聲，墜落在台南附近某營區，時間是下午四時四十分。

丁文智身受重傷，全身多處骨折，被送往岡山空軍醫院急救。次日一早轉送國軍八〇四醫院，高級長官來探視，囑咐醫師無論如何要把丁文智救過來。他真是命大，僅僅十天，就帶著尚未拆卸的鋼釘回家療養。有朋友問起這回事，他總說：我運氣好，沒跟著那幾位將軍走，可惜的是那幾位將軍都英武有為，還有大好前程在等著他們，卻不幸走了！

他還說：清醒過來時，一直念著同機的伙伴，但沒人告訴我結果。我只能想家想二個兒子跟他們的娘。我也想起被抓起來當兵的情形，清清楚楚記得抓我的那個人一臉怪相。

丁文智被迫當兵的過程極富戲劇性。民國三十八年夏天，他從廣州到台灣，在左營他大哥那兒住些日子，搭車北上求學。誰知道火車上有查緝流亡學生的，也不知道那些人憑什麼查緝流亡學生，只知道他們是九十六軍的。

這真是青天霹靂，一下子把他那個重拾書本追求知識的美夢戳破，人家一眼就看出他不是當地人，一問，一回話，滿口山東腔。老弟，對不起，你是山東流亡學生，請跟我們走！

一走，走進了設在澎湖的山東流亡學生管理中心，編隊換制服，國家又多了一個小兵。

他後來考上空軍機械學校士官班，由於底子扎實，很快就進入情況。同時，也對文學發生興趣，常常讀《野風》雜誌與《半月文藝》雜誌，並開始練習寫作。

詩句寫進心坎裡

在民國四十年代初期，凡愛上文學寫作的阿兵哥，不分陸海空，幾乎都以寫詩邁開第一步，丁文智也不例外。這個情況，不知研究軍中文藝的學者專家，有沒有做過調查統計、研究分析？我曾經請問相識的朋友，他們的答覆幾乎相同，那就是，詩的形式簡單，而且消耗稿紙量少，寫作時間也短，非常適合低階軍官與士兵。丁文智直到現在，在寫詩方面，下筆非常謹慎，所以創作量較之一群老友要少些。但他小說寫得勤，是一般朋友所不及的。我嘗試寫小說，是受丁文智的影響。

五十年代初期，金門回來後我感染肺病，申請獲准在營地外租屋自行療治，丁文智來看我，勸我寫小說打發時間，一方面可能賺些稿費買些營養食品，一方面不讓時間空下來胡思亂想，甚或自怨自艾。我接受好意寫短篇，居然獲得《青年戰士報》刊載，後來還上了《聯合報》與《中央日報》版面。文智把剪報寄給我，在空白處加上：「加油」、「寫長一點」、「恭喜」等等字眼，令我感動流淚。

病癒後忽生異想——辦出版社，朋友中大荒、秦松都認為可行，秦松並介紹王玉傑（王仙）大姐與我們見面，我約了丁文智。一場暢快的意見交換，竟有了具體方案，這主要由於王仙大姐的另一半左大哥，在一家印刷廠當總經理，有了這麼一座「靠山」，「十月出版社」就出爐了。參與的朋友多了彭邦楨、姚慶

「十月出版社」的幾個出資人合影。左起：大荒、王玉傑（王仙）、丁文智、辛鬱。

章、羅行、楚戈、商禽，但實際出資的，只有大荒、丁文智、王仙大姐與我。

「十月」共出版兩輯二十本書，由於選書不慎出了亂子，草草結束。朋友們對我一句也未加責備，我記得丁文智曾豪氣的說：

「別洩氣，咱們找機會再幹！」

文智惠我至多，如今，我手邊已無任何一冊「十月」的書，而文智家的書架上卻完好的擺著這兩輯二十本書。

丁文智早年曾為《創世紀》寫詩，其中有一段時日間斷，在一個偶然機會裡，我問他既然參加了《乾坤》詩刊，何不也多參加《創世紀》？他略作思考後說：「行嗎？」

丁文智以詩跨步文壇，及後則偏重小說創作。

「怎麼不行？」我說：「老朋友都歡迎你歸隊。」

就這麼爽快，丁文智成為《創世紀》的一員，而且從中壢到台北熱心參與《創世紀》每一次聚會，每一場活動。他的詩，誠如瘂弦說：

「寫進咱們這伙人的心坎裡！」

（原發表於二〇〇九年三月《文訊》二八一期）

麥穗

本名楊華康，另有筆名姚江人、沈傯，籍貫浙江餘姚，1930年10月14日生於上海市，1948年10月來台。中華文藝函授學校詩歌班結業。曾任台灣省林務局烏來台車站長，《勞工世界》、《林友》月刊、《詩歌藝術》月刊主編等職。多年來致力於台灣詩歌史料的蒐集、整理和研究，對台灣文壇史料著力甚深。著有論述《詩空的雲煙》；詩集《鄉旅散曲》、《森林》、《孤峰》；散文《滿山芬芳》、《十里洋場大世界》等。

穿梭山林的尋詩者

——速寫麥穗

以詩歌頌詠山林

麥穗的家鄉浙江餘姚，與我的家鄉慈谿，只有一水之隔。我們都在上海接受啟蒙教育，亦都從上海出走，去尋找人生的另一面；從此落腳台灣，延續家族香火。

還有一個更有意味的共同點，我們都選擇寫詩，作為人生最高目標的追索。

與麥穗相識甚久，卻極少交談，直到開放大陸探親，某日見面，問起彼此家鄉，才知道我們已從浙江大同鄉，一變為浙江寧波小同鄉——重劃行政區域，把原屬紹興的餘姚，劃入寧波管轄。我們就約定要找個好日子共返家鄉，登四明山麓，啖佳果楊梅。

然而行程為雜務所阻，攜手返鄉不成，我們只好「求其次」，與一群詩友作了一趟西北行。蘭州、敦煌、玉門關，一路走來，我發現長我三歲的麥穗身手矯捷，敦煌鳴沙山的沙礫地難不倒他，玉門關的土墩子也難不倒他，回程遇上沙塵暴，一伙人閃入一處拍古裝戲的電影城躲避，也只見麥穗拿著廣角照相機各處搶鏡頭。

他哪來這麼好體力？不久我終於明白，他的腳力是多年穿梭山林練出來的。不僅如此，山林也孕育了一個詩人。

麥穗說：作為一個林務工作者，也身兼巡山員，大片山林就是我的辦公室。深入林間工作，諸如山林巡視，造林監工，伐木現場監工，盜伐調查等，每一個任務，都得與樹木在一起，久而久之，樹木似乎變成朋友。它們枝繁葉茂，軀幹挺直粗壯，不論何種樹類，都是可用之材。

有時候，走得有點倦累，靠在一棵大樹軀幹上，闔上眼，聽密遮的樹葉在風中噗嗦作響，雖不是一段輕柔的音樂，卻也有動聽之處，彷彿大樹的脈息；這境界，不就是詩的境界嗎？

麥穗有不少作品，真實的刻畫出在山林有感而發的心聲，語言明晰、節奏清朗，讀來令人動容。

然而，世間難得十全十美，總有人貪念難抑，壞腦筋動在樹木身上；盜伐此起彼落。林務工作人員，不管怎麼巡梭穿走，還是難免某處的檜木被盜，某處的肖楠遭伐。麥穗最痛心的是，常會遇到某棵他用詩頌唱過的檜木被肢解；那種痛，如同他的心被扎了一針！

麥穗也用詩表達內心的沉痛，呼籲盜伐者斧下鋸底留情。另一方面，他也用詩傳達護林、愛林的環保意識。同時為山居的原住民發聲，以詩歌頌唱原住民樸實勤勞的本性，為原住民應享的權利，應受的尊重而呼籲。

詩的牽引與傷懷

寫詩不僅解除巡梭山林的孤寂，也舒解了思親懷鄉之念。麥穗說：這對自己來說意義深遠的作為，以後竟成為終身的職志，要感謝一位詩人——夏菁。

麥穗十九歲來台灣，半年後上海失守，有家回不得，經介紹進入一個製茶工廠工作，並從那時開始塗塗寫寫。夏菁（本名盛志澄）是一位林業專家，從花蓮林業單位調來公司服務，常因公來茶場，得知茶場有一小青年能寫些詩與散文，就義務教導這位小青年寫詩，而且每週把《自立晚報》上的「新詩周刊」，附上一篇讀後評析寄到山上，還叫這位小青年也寫些心得寄給他，就這樣帶領麥穗進詩壇。

山林生活雖然遠離塵囂，充滿野趣，是一般人享受不到也難以想像的。但是，它也有侷限，

2005年，夏菁（左）由美返台，合影於麥穗的烏來山居。（麥穗提供）

它會把心境壓縮在一個點上。這就需要吸收些新的養分，藉以擴大知識與感覺的領域；而寫詩，尤其需要這種調節。

這個念頭促使麥穗伸出探索的觸角，他一方面開始與多位詩友通信，另一方面則基於求知心切，報名參加了「文藝函授學校」。

很幸運的，在擴展友誼上，他很快就與茶場新場長的三公子季予交上朋友，透過季予，認識當時《青年戰士報》副刊主編潘壽康，不僅成為副刊的投稿者，也幫潘主編看各方寄來的詩稿。

函授方面，更是幸運，遇上良師覃子豪先生。覃先生以教詩為一大樂事，可惜只教了一個學期就因病辭去教職。麥穗常感念覃先生的教導，並對他因為身在山林，未能下山服侍病中的覃老師，引以為憾。

早年的朋友中，最叫麥穗思念的，是季予、吳望堯、秦松三位。想當年，這幾位對詩非常狂熱的小伙子，出道未久，卻雄心萬丈。於是這四位詩人，聯結了丁潁、寒星、余靜、李如億、秦嶺（他是秦松的父親）五位，在一九五六年，共同發起組織「明天藝文社」，出版了油印詩刊《明日詩訊》。

如今，詩壇已沒有幾個人記得這份油印的《明日詩訊》。但麥穗一提起「當年勇」，神色間流露的，不僅是年少時那份熱情，還有一份難以言述的傷感。

因為，《明日詩訊》的九位發起人，秦嶺、秦松父子與吳望堯，已先後作古。季予、余靜、李如億三人行蹤不明。丁潁、寒星與麥穗也只是偶爾打一通電話，互相問好而已。什麼《明日詩訊》，昨日黃花而已。

麥穗說，倒是記憶恆新，吳望堯的形象隨同他的奇特行徑，似乎就在眼前晃動。秦松的激情、易怒，以及強烈的手勢，也好像昨日事。詩友中不少人知道吳望堯在越南事業有成，也有不少人知道秦松因為一幅畫被誣陷而走避紐約。然而，這幾乎與寫詩或繪畫的創作事業無涉！

俱往矣！倒不如把握當下。

三月詩會的中堅

麥穗把話題轉到職業生涯的後期。林務工作靠體力，特別是深入山林，年齡一到，自然淘汰。

麥穗逐漸感受巡梭山林的疲累，於是申請調職下山。他能寫善編，幹行政工作得心應手，因為家在烏來，所以在接辦短時間的木材運輸工作後，受命接任林務局烏來觀光台車站站長。

我與家人某次遊烏來，曾坐頗為刺激的觀光台車。那時麥穗站長曾為我們一家人「服務」，還陪我們搭纜車到瀑布景點，他問我搭台車滋味如何？我說很夠刺激。

當時他有一個理想，希望運用台車站長職務，參與相關會議，提出一套發展烏來觀光

1993年3月，「三月詩會」創會同仁合影。前排左起：藍雲、林紹梅、晶晶、麥穗、張朗，後排左起：邱平、田湜、王幻、劉菲、謝輝煌、文曉村。（麥穗提供）

事業的構想。

構想中，主要是把烏來台車、纜車、溫泉以及小吃等聯成一線，改善服務態度，全面提升品質，使烏來成為一個觀光勝地。他也提到內洞娃娃谷的開發。如今遊烏來，再轉進內洞，一路所見，彷彿就是麥穗構想的初步兌現。

麥穗熱愛旅遊，寄情於不同國家的山水之中。他說：「這全是因於林務局工作後期，趁職務之便，跑遍了台灣各地名勝。由於旅遊見聞甚廣，為《中國勞工》月刊寫專欄，每篇三千字加照片十張，每月一篇，共寫了一百四十篇。」

林務局退休後，麥穗投入工會工作，曾在全國總工會與台灣省總工會，擔任組訓組長等職務，並兼任《中國勞工》月刊主編，為勞工界服務。任內用「黑手」筆

長年的林務工作，讓麥穗的作品真實的刻畫出與自然共處的情感與省思。

名撰寫「黑手手記」專欄一百三十多篇，代勞工發言。

麥穗自認最難忘的一份工作，是為林務局編《林友》月刊，自一九七八至一九九八年，二十餘年歲月，如今留下的記憶，足堪回味。

麥穗也是一位業餘的資料蒐集者，據說他手邊有不少有關新詩發展與前輩詩人逸聞雅事的資料，想必日後會一一提供給愛詩人瀏覽。他是「三月詩會」的中堅，如今原始會友中已有多位凋零，「三月詩會」卻仍堅持以詩會友，共研詩藝的宗旨，每月開會，精神令人佩服。

作為穿梭山林的尋詩者，數十年來，他已有許多收穫，不論詩、散文、專欄，都展現了麥穗風格與特色。更可貴的是，年近八十，他一直保持勇毅的精神與旺盛的創作力。

（原發表於二〇〇九年九月《文訊》二八七期）

周鼎

本名周去往，籍貫湖南岳陽，1931年10月20日生，2010年9月23日辭世。因戰亂關係，小學畢業後未再升學。1946年從軍，1961年退役，做過許多種勞動的工作，曾在中國工商專科學校服務，晚年定居家鄉湖南。創作以詩為主，曾嘗試以荒謬、超現實的文學技巧來解釋人生，表現出現代人面對現實的空虛、無奈和抗拒。曾獲《創世紀》創刊三十週年詩創作獎。著有詩集《一具空空的白》。

好個詩壇硬漢
——送別周鼎

以〈終站〉一詩崛起現代詩壇，後又以詩集《一具空空的白》引起詩壇一陣議論的詩人周鼎，是一個道地的湖南硬漢。

坦率・爽朗・執拗疏狂

當年，考陸軍官校，不知怎麼回事，半途而退，一番折騰之後，竟當了空軍高砲部隊的一名小官。在台北市武昌街一段明星咖啡屋門側的周夢蝶書攤，我得識周鼎，聊了不到十句話，就為了某位詩人的一首詩的引用舊體詩是否合適，抬起槓來：結果，誰也不服誰，卻走到新公園旁邊的小吃攤喝起太白酒來。

周鼎嗜酒，量大。不過，三杯下肚，話多起來，聲音也高昂起來，引起鄰座白眼。我暗下示意要他壓低嗓門，他的答覆是「管他！」二字，然後爽爽的笑出聲來。

他對自己的創作非常有自信，如同另一位湖南詩人彩羽。他的詩，用字造詞簡練，詩意表露清晰，不拘泥、不作態，十分符合個性。

不記得什麼時候，有一夜我酒醉留宿周鼎營區。位在景美一座小高地上的簡陋營舍，涼風徐徐，我睡不著。周鼎身為副排長，責任在身，所以把我安置妥當，就帶著一名兵士，巡邏營地去也。約莫一個多小時後，巡邏回來，竟為我帶來一碗米粉湯，說：「你把吃的都吐個精光，肚子一定空空，山下小店只有米粉湯，將就著吃吧！」

沒想到這老兄粗中有細，我吃著米粉湯時，心中充滿感激。

1960年，左起：劉菲、周鼎、辛鬱、洛夫合影。

他後來因故脫下軍裝，自謀生活，曾經離開台北市，聽說先到瑞芳下礦挖煤，後來又在台北市買賣舊貨（以舊衣服為生），又曾收舊報紙書籍，勉強過日子。他從不言苦，偶爾在周夢蝶書攤碰面，問他近況，他總爽朗的說：「好得很，你看看我的胳臂。」

果然，肌肉隆起，像個練家子。我請他小飲，他不退辭，卻說：

「辛鬱，你的狀況比我好不了多少，我們各自付賬！」

喝到中途，開始談詩。他最常批評的對象，一個是沙牧，另一個是我；對我的詩，他總說：

「概念化，概念化的毛病不去掉，你的詩讀來無味！」

就這麼直截了當，初時我還有點不悅，但一作自我檢討，發現他真的擊中要害，我不能不服氣。所以，朋友當中，周鼎是最坦率的一位。

一具空空的白

他怎麼進「義光育幼院」工作，我不知道。開始時，做一些雜務，後來院方一位負責人發現周鼎為人耿直、說話坦率，調他到總務組擔任採買。這時候，他追求到院內的一位小姐，不久結為夫婦。

我那時也已成家，住在光復南路某巷的一間十八坪小屋。周鼎有時提一條魚或一塊肉送來，說是採買當久了，人頭熟，攤販們自動「奉獻」的。那段日子，周鼎過得很自在，後來院內有人向負責人打小報告，說是周鼎在採買上動手腳，他不願揹黑鍋，離開了「義光」。

失業的周鼎並未改變他直率熱情的性格，常與沙牧帶酒來我家小聚，糟的是，一談詩就「開戰」，聲音高八度，吵得鄰居不安寧，我不得不下禁酒令。

禁酒令，說明白一點，就是請兩位老兄少來「寒舍」。

這時另一位湖南籍詩人一夫，當上中華電視台節目部編審組長，台內道具組看一夫老哥情面，找周鼎去管器材兼作門房。

最初他暫抑酒癮，暫摒酒友，安安分分在新工作單位埋頭苦幹，頗得主管信賴。一段日子過後，被他發現，同事當中有不少位經常聚賭作樂，他一時失察，陷了進去。據說，不僅薪資泡湯，還欠下不少債，單位不留人，他不得不另謀高就。

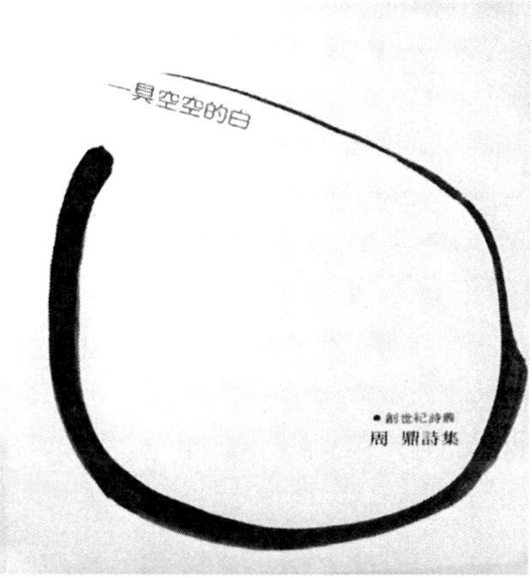

這段期間，最令朋友嘆息的，是他一詩無成。

好在詩友周夢蝶、曹介直、洛夫、瘂弦、張默等都予以寬容，在旁好言相慰，鼓勵他重拾詩筆。《一具空空的白》集中不少作品，就在此時間始，一一產生。我則因替「華視」寫連續劇，收入小增，給周鼎一些小小濟助；一方面回報他在「義光」時，常攜魚帶肉送來我家，另一方面幫他稍解一時之困。

周鼎詩集《一具空空的白》封面，由杜十三一筆設計完成。

到一九八〇年代，我因工作忙，不常上街，與周鼎見面機會大減，但對他在《創世紀》詩刊發表的作品，則常加關注，發覺他經過一次打擊，作品已更見精進。

八〇年代後期，政府宣布開放老兵返鄉探親，周鼎是第一波參與者之一，回台後，他就在有意無意間，透露了返鄉定居的心意。這時候，他在「中國工商專科學校」已有穩定的工作。

一九九〇年，一群詩友為瘂弦、碧果慶生，也為周鼎決定回湖南定居送行，在內湖「湖宴」餐廳相聚。慶生是喜事，而送行則有些傷感，所以，在混雜的情感糾纏下，大家都有些醉，獨周鼎一臉豪爽笑容，樂觀的向大家宣布，「回湖南，我一定要再組家庭，到時候，歡迎朋友們來我家痛飲湘泉！」

「湘泉」是湖南新釀的名酒，但我們即使去湖南旅遊，也沒有到周鼎那兒討酒喝。周鼎回鄉後果然與一女子同居，也有詩寄回，但量甚少。至於喝酒，他自承每天都喝，只是一人獨酌，不免有些蒼涼吧？

好個硬漢，我與他相識相交近五十年，他不管命運如何不濟，卻從未叫一聲苦，或發一頓脾氣，咒這罵那的！

一切，他都忍下來，直到默默離開這世界。

（原發表於二〇一〇年十一月《文訊》三〇一期）

張默

本名張德中，籍貫安徽無為，1931年12月20日生。革命實踐研究院講習班結業。曾任連指導員、記者、民事官、編輯、新聞官，「創世紀」詩社創辦人與總編輯，《水星》詩刊、《中華文藝》月刊主編。曾獲新聞局圖書著作金鼎獎、中山文藝獎、第三屆五四獎文學編輯獎、中國文藝協會文藝獎章、世界藝術文化學院頒授榮譽文學博士學位等。著有論述《現代詩的投影》、《臺灣現代詩概觀》、《臺灣現代詩筆記》；詩集《無為詩帖》、《獨釣空濛》、《張默小詩帖》；散文《雪泥與河燈》、《回首故園情》等。

從時間長河中跨出來

——速寫張默

慣有的熱忱與幽默

一坐上編輯檯；其實，並沒有專屬他的編輯檯，只要是桌子，大小不等，方圓無別，配上一把椅子或一張板凳都行，張默立即進入情況，拿出他獨一無二的本領，右剪刀，左漿糊，中間紅藍原子筆各一，快速俐落的編起稿子來。朋友們稱呼前《聯合報》總編輯趙玉明（一夫）為「快手」，張默編稿的速度與手法，足可與一夫兄比美。

最近，魯蛟、張默與我，受託編《文協六十年實錄》一書，資料蒐集花了他們兩位不少心血，在正式進入編輯作業階段，我終於領略了張默的編輯功夫。我們借《科學月刊》會議室集中作業，前後九次，張默不但速度快，點子亦多，把「實錄」一書呈現在文協六十年史料方面，真正做到了「面面俱到」，足可供後人研究參考。

張默有一句口頭話：「一切由它！」意思是他為現代詩所做的，不論同代人是否讚譽激賞，或後代人在引用時是否感激敬佩，都不必管。最近他的首部小詩集《張默小詩帖》自費出版，〈編後小記〉中有一段話就這麼說：「我是一輩子喜歡與時間靜靜且親密的拔河，誰勝誰負，那不是我要的答案，一切由它去吧！」

2008年11月，《創世紀1954-2008圖像冊》出版發表會。左起：瘂弦、洛夫、張默、辛鬱。（張默提供）

可是，有些事在張默心中，卻總有得失衡量，特別是對《創世紀》詩刊。

《創世紀》就像他的孩子，甚至更像「分身」。這份五十六歲的詩刊，雖然有多位參與者，假若沒有張默，我敢斷言，它早就停刊了。張默的勤勞耕耘，細心呵護，使《創世紀》活得漂亮又健康；他甚至已想到六十歲的《創世紀》，要怎麼樣氣昂昂的登上高台，聽眾人及詩友為他唱一曲：「祝你生日快樂」。

念念不忘《創世紀》，讓張默活出更旺盛的「人氣」，生命中有了更多「詩意」。

急性子的張默有時候會開開老友玩笑；說實話，張默開老友玩笑的技巧可不怎麼高明。常常，「玩笑」還在某種氣氛中醞釀笑的可塑性，使這一「玩笑」的趣味性增濃，張默自己卻先笑出聲，揭穿了「玩笑」的謎底，變得趣味性無存。

朋友聚餐或喝下午茶，張默的話題先是關於詩的種種，然後轉向某老友如此，某老友這般，誠如瘂弦有言：「缺席批判」。一開始自然會引起回應，而達成某種「共識」，但終究是舊話新說，老調別唱，助興作用大於其他。

但是，張默一貫對詩、對人的熱忱，還是朋友們最樂道的。探問某人的電話號碼，找某一首作品的下落或某位詩人的籍貫年齡，打電話找張默，他從不拒絕，而且，用最快速度幫你找到。我有多首詩，發表以後不知下落，張默一發現，立刻原件寄來，甚至還限時掛號。

1980年代中，文友到金山池畔戲水。前排左起：孫瑋芒、楊濟康、楊平、蘇偉貞、張默、陳義芝，後為沈臨彬。（張默提供）

傾終身於詩

詩從張默心中活過來，也從他手底下有了生命。《創世紀》詩刊發掘新人不計其數，多半在張默主持編務時。

他怎麼會對詩如此專情，傾一生心血投身此道？張默說，是被舅父孫國相先生啟蒙與中學老師虞詩舟誘發。

六歲那年上私塾，老師就是舅父。孫先生國學根基深厚，一手毛筆字頗具顏正卿、柳公權風韻，出身書香門第，極受父母寵愛，染上芙蓉癖，還自命風流，常到南京夫子廟蹓躂。雖然如此，對幼年張默的教育卻十分認真，經常戒尺伺候。張默還記得第一次上學，好像是四月天，舅父要他磨墨，一不小心把墨汁濺得滿書桌，身上也滿是斑斑點點，少不了戒尺上手。

張默非常感激這位舅父，因為到今天他還可以背誦唐詩與《古文觀止》很多篇章，都是得益於舅父的悉心傳授。二〇〇二年六月張默返安徽故里，聽說舅父早在文革期間沉江身亡。

中學讀的是南京成美，國文老師虞詩舟兼通新舊，曾把冰心、劉大白等詩作介紹給同學，留給張默極深印象。初中畢業時，虞老師送給全班同學每人一張條幅，張默受贈的是張繼的〈楓橋夜泊〉，他在一九四九年帶在身邊來台，後來因軍旅輾轉而失落。

談到這兩位老師，張默深深嘆一口氣；在我印象中，他是個硬漢，這一深嘆，可見他是個念舊的性情中人。

來台以後曾待過現為國立台北教育大學的那個地方，當時由政府借用，作為由蔣經國主持的一個青年訓練班的集訓場所，張默說：那時候一伙人都血氣方剛，又逢國家大難劫後，力求安定再起之期，所以生活再苦，訓練過程再緊迫，大家都咬緊牙根，默默接受。偶爾，讀到一些文藝作品，起了極大的心理舒緩作用，也喚回小時候以及少年期讀書的回憶，心裡就慢慢萌生文藝寫作的苗子，張默說：就這樣開始走上寫作這條路。

從台北「幹訓班」結業，分發左營最初在陸戰隊，擔任文宣工作兼作軍報採訪記者。那時已有詩作在軍報發表，進而認識洛夫，《創世紀》詩刊在他倆經過多次商討後誕生，不久瘂弦加入。關於《創世紀》，我不必多說，倒是張默，有一次閒談中，提到專修經濟學的詩人林建山，曾對他說：《創世紀》五十多年來投下的資金，以累進計算，已達數億台幣之鉅。我聽了先是嚇一大跳，再一想，《創世紀》登了多少好詩，發掘了多少優秀詩人，這點投資，值得。張默聞言哈哈一笑。

張默在澎湖馬公結婚，太座陸秉川女士，當時在救國團圖書室服務，張默最初在舞會中認識對方，後來常去借書，自然就「近水樓台先得月」矣！張大嫂的北方菜燒得好，蔥油餅更是一絕；但張默吃東西似乎不太講究。不過，他至今保留四、五十封情書。

張默在澎湖海軍區擔任民事與康樂工作，所以他是我們這伙人中交際舞跳得最好的。

張默的創作，展現出豐沛的生命力，以及淨化的詩境。

對那段期間的軍旅生涯，他樂滋滋的說：

「……每週六晚上軍區要辦舞會，我們派兩部大卡車到馬公街頭，車上拉布條，上書『歡迎愛跳舞的女士，請上車』，結果車車滿載還都是年輕少女。到十點鐘，大家又高高興興搭原車回馬公。」

他又說：「其中有不少女孩子做了海軍眷屬。」

退役後張默轉業「華欣文化中心」，編輔導會的文宣報刊與《中華文藝》，後者對結合退除役官兵中的文藝作家與愛好者，產生極大的融合作用。當時這支筆隊伍，也可以說是國軍新文藝運動的支柱。

謙卑以對，期待一切圓滿

一九八八年後老兵返鄉探親，大家都

忙著搶先辦手續，期盼早早與大陸家人團聚，張默卻不慌不忙，原來他早在解禁之前，已從另一個管道，到南京拜見他還健在的老母親。此後我們這伙人幾乎每年有一次結伴行，一直到疲倦為止。但張默對旅遊興致不衰，並且有《獨釣空濛》一書的出版。

聽說，至今他還在籌謀一探「馬雅文化」的中美洲之行，所以對自己的保健十分在意。

《創世紀》五十週年慶祝活動的盛況，當是張默記憶中的一件美事。所以在為六十週年活動設想的時候，基於美事只此一樁，他腦子裡似乎已有了新的藍圖，他說：「《創世紀》目前還有十一位七十五到八十二歲的同仁，大家還有心讓這個刊物辦下去，但一定要保持內容多元化、無界域、詩創作至上外，史料與書訊的特色也要更重視。假如可能辦到二〇一四年，它六十歲，一甲子，那就一切圓滿。哈哈！」

他同時也寄望詩友：「我覺得咱們這一代詩人，你到底占什麼位子，早已定好了，不必強求，應更謙卑，不要專為自己的名聲設想，把詩寫好，把書編好，把每一件事做好，比什麼都重要，否則只妄想歷史留名，有意義嗎？」

張默當也會以此自勵！

（原發表於二〇一〇年七月《文訊》二九七期）

楚戈

本名袁德星，籍貫湖南汨羅，1932年3月23日生，1949年隨軍隊來台，2011年3月1日辭世。台灣藝術專科學校美術系畢業。曾參與新詩現代派運動、五月畫會、東方畫會等活動，1968年進入故宮博物院器物處從事古物鑑定，對商周銅器有獨到的研究；餘暇時並從事繪畫創作，在國內外舉行個展多次。一九八〇年罹患鼻咽癌，與病魔相搏三十年，生命意志力未曾稍歇。著有論述《視覺生活》、《審美生活》、《龍史》；詩集《散步的山巒》；詩畫集《想像，不需翻譯》、《流浪，理直氣壯》；散文《再生的火鳥》、《咖啡館裡的流浪民族》；編寫《中華歷史文物》等。

傳送「快樂」訊息的「不老頑童」

——略述楚戈

完成並出版《龍史》這部在文化及文明史上，具有重大意義的著作之後，楚戈又不脫「頑童」性格，在畫布與畫紙上「遊戲」起來。

他常說藝術是「玩」出來的，要帶給人「快樂」。所謂「遊於藝」，楚戈是最實在的實踐者；一般人要左思右想解說半天，他在片刻之間就把「快樂」播種在畫上。所以，「藝術」一詞，楚戈著眼並致力的，是「藝」非「術」；他不在乎自己是不是一個畫家。同樣的，他寫現代詩、散文、藝術評論、文化論述等，也不在意「詩人」、「散文家」、「藝評家」、「學者」這些名銜，他有「隨緣」之念，人們讀他的各類作品，若有所喜所愛，所感所得，即是「隨緣」。

瑞典著名漢學家馬悅然，在《龍史》一書的〈序〉中，有這麼兩句話：「楚戈是一位在『視覺』領域生活的畫家」、「楚戈是一位為學術與思想上的全球化服務的大使」，這並非溢美，馬悅然一定已深切感受楚戈藉著造形與文字這兩類創作，所能傳播的「快樂」

心愫。

一筆一畫勾勒意念

然而，從現實層面看，楚戈「快樂」嗎？

二〇〇九年《龍史》發表會後，他幾乎有半年多時間，進出榮民總醫院，甚至還住進加護病房。身體的不適自然影響體能，他至今還得使用「助走器」，手還不能握筆，勉力握之，寫兩個字以後就一路下蹓，成為不規則曲線。

即使如此，仍念念不忘他的畫室，不忘還有心裡的意念須形成文字。我幾次去探病，沒話可說；因為他渴望出院的念頭全寫在臉上。

生於亂世，他失去接受完整教育的機會，僅在家鄉小學念了幾年書。十七歲那年從家鄉汨羅躲避戰爭逃到長沙，卻當了兵。不久部隊開拔到南京，從此離開老家，再見時已在四十多年後。

部隊初到台灣，落腳台中整訓，偶爾到台中市區看慰勞電影，放映不到十分鐘，就溜出來逛書店，對書架上的文藝書刊如獲至寶，站著翻閱，竟忘了在電影散場時間趕回戲院，難免一頓處罰。他說：「什麼處罰我都不在乎，最怕就是不能看慰勞電影。」意思就是：不能再溜去書店。

就這樣開始，楚戈走上寫作路，從新詩到散文，偶爾還有兩、三千字的小說。而繪畫，則在部隊被整編為裝甲單位、進駐湖口基地後，才在當地的一草一木，一個小水塘，一座小山丘的自然景物誘導下，興起了創作念頭。

寫生、素描，在一本紀念冊上，自由自在的揮灑，一筆一畫，點捺勾勒，為日後的創作打好基礎，楚戈在藝文方面的耕耘是有軌跡可尋的。

極具魅力的吸引力

五〇年代前期，現代藝術運動初起，楚戈似乎已意識到這項運動必將成為整體藝文發展的主流，就躍躍欲試投入浪潮中。他那時已是一位士官，隨隊駐守士林「官邸」外圍。環境改變，接觸面不同，又拜識了前輩詩人紀弦與覃子豪，結交鄭愁予、林泠、商禽、陳庭詩、秦松、李錫奇等詩人與畫家。天性敦厚樸實的他，又常能自然的製造些笑料，把「快樂」帶給大家，因此極受前輩的器重與同輩的歡迎。

不少朋友說：「楚戈對異性有一套！」其實，那是他有「女人緣」。他個子小，一張娃娃臉，笑容總掛在眼、嘴之間，是異性朋友喜歡的「型」；所以他有多位紅粉知己。國內外的這些位各具天賦、各有專修的可愛女性，對楚戈一路走來，起了極大的扶持作用。

我算得上是楚戈的知心朋友之一，但一直思索不出，楚戈作為他那多位紅粉知己的「型男」，除了上述的特色與他在藝文創作上的才華，似乎還應有另一種特色，而那特色是什麼呢？我極希望楚戈的紅粉知己之一，有一天能透露出來；如果那是一本書，它一定暢銷。

六〇年代前期，楚戈與我都經趙玉明老大哥設法調到林口，加上張拓蕪，四個人合成「四人幫」，在我們那個小單位裡曾小出風頭。楚戈那時編一份三十二開四十幾頁的刊物，每月一期，登的文章除了長官訓示、工作規定等，有幾頁藝文小品，楚戈把鄭愁予、

楚戈的創作包含藝術、學術評論、詩畫集及散文。

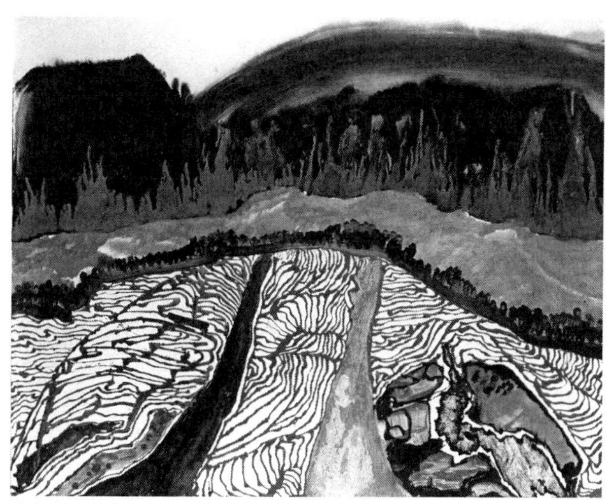

楚戈畫作〈遠處在下雨〉，100號油畫。

1963年夏於林口楚戈住處合影，左起：辛鬱、許世旭、楚戈。

瘂弦、林泠等人的詩登了上去，開了軍中內部刊物的風氣。有一次校對不慎，把「中央政府」誤成「中共政府」，惹了麻煩，就裝病結束編務，居然裝著裝著，裝進了軍醫院。

從此時來運轉，卸脫軍裝結了婚，還邊在板橋藝專修學歷，邊在文化學院教美術史，本身又是故宮博物院的一名助理研究員，真正做起學問來。

玩耍結藝

說起寫作，特別是現代詩，當時流行的一種說法是：一首詩是一個情緒的演化。而我們這一伙，作品中滿溢情緒，幾乎是共同特性。因此，許多想法甚至觀念，都十分情緒化，言行也不免受此感染。好像每個人都有極強烈的愛慾渴求，極度的被壓抑、被迫害妄想，極力追求生命脫縛與脫走的念頭。唯獨楚戈不受這種「情緒」的情緒化感染，他寫的詩與散文，一貫的在散播快樂——一種上揚而非低沉的情緒。許久之後，我才明白，那時他得到高人點化，那位高人是俞大綱先生。

「玩耍」，楚戈在二〇〇九年九月交通大學的一次展覽中，點出這個名詞。「玩耍」，這不是有背於藝術創作的嚴肅性嗎？不對，藝術源於遊戲，它是快樂的多重符號，多樣標誌，是「人之常情」的表現，沒有所謂「嚴肅」的問題。

「創作就是要好玩」，楚戈這麼說。而「玩」有玩的形式，「玩」有玩的方法。這些年來，從寫生、素描、水墨、油畫到陶藝、銅塑、鐵雕、結繩，在各種形式中，以一顆快樂的心，不管用具象或抽象手法，他的作品帶給許多人會心一笑。

至於文學與學術創作，楚戈也一直有作品發表。《龍史》則是集學術著作的大成。這本書歷經二十多年，在不斷改改寫寫中完成，其間一度曾將十幾萬字的原稿銷毀，重新構思並搜尋參考資料。而那時，他大病初癒。二〇〇九年二月六日晚上，寒雨襲人，在「誠品」信義店的《龍史》首發簽書會上，我看見的楚戈近似一座石雕，堅毅的冷色系透著些微光。他在為讀友簽名，當我看到他簽下的「楚戈」兩字時，不禁打了寒顫，眼角含淚。

不甘於庸的頑童

當年，楚戈、商禽與我都善飲，常常約秦松、李錫奇等吃路邊攤，如果加上許世旭、趙玉明、鄭愁予與秀陶等人，就更熱鬧了。往往從第一攤喝到第三攤，每個人的錢袋掏空為止。楚戈在這種場合，最能引發酒興，他總能找個話題把大伙兒逗樂，於是，食桌上又多了一個空酒瓶。他結婚之後，這種聚會已少有，這也可見他似乎有一種凝聚人氣的能耐。我沒有看到過他對朋友發脾氣或口角，但是，在他看不慣的某些方面，他極易動怒生氣。譬如「紅衫軍事件」，那時他早已半殘，又聾又啞，他竟然瞞過家人直奔總統府廣場，口不能喊××下台，手持手杖也無力舉起，卻是最讓人不忍移開目光的聚焦人物。

年來多次進榮總，幾成最不合作的病人，原因是一直寫條子要求出院，還生氣的寫道：醫生不讓他出院，要對看不到他的繪畫、讀不到他文章的人負責。

他是佛教徒，曾寄身台北松山寺道安法師座下，參佛讀經，頗有了悟。受命編《獅子吼》月刊，濡染所得甚深。當時有羊令野、谷治心、楊焱與我等耍筆桿朋友同去，大家一路喜呼楚戈「小和尚」，道安法師也很得意有這麼一個深具慧根的弟子；可見他自有佛性。

他外有「頑童」之號，頑童不老，才能將「快樂」訊息不斷傳送。祝願他安心調養，等體能徹底見好，再重燃鬥志，為大家創作更見深意的作品，繪出更燦亮的畫。

（原發表於二〇一〇年四月《文訊》二九四期）

瘂弦

本名王慶麟，籍貫河南南陽，1932年8月29日生。美國威斯康辛大學東亞所碩士。1966年應邀赴美國愛荷華大學國際作家工作坊訪問兩年，曾任《幼獅文藝》主編、幼獅文化公司總編輯、華欣文化中心總編輯、《聯合報》副刊主編、《聯合報》副總編輯兼副刊組主任，《聯合文學》社長，《創世紀》詩雜誌發行人。1998年6月自《聯合報》退休，現旅居加拿大。曾獲教育部金鼎獎副刊編輯獎、五四獎文學編輯獎等。1954年底，結識洛夫、張默，共同參加《創世紀》詩刊的編務。著有論述《中國新詩研究》、《青年筆陣——青年的文藝活動》；詩集《如歌的行板》、《瘂弦自選集》；合集《弦外之音》等。

如歌的行板

——速寫瘂弦

求知慾興念寫作才能

在一九四八年入冬的那段日子，曾經有出生河南省的五千多個青少年學生，在國共戰爭中，顛沛流離，無處安身。瘂弦是這五千多個學生之一，十六歲的他，行囊裡除了幾件破舊衣衫，還有書。幾乎所有的流亡學生，都說不出怎麼會有那麼急迫的求知慾；隊伍一到落腳處——有時僅僅半天——大伙兒都拿出書本，即使老師還沒到，就有高年級的同學帶著大家朗朗唸出聲。

求知的饑渴勝於一切，這群河南孩子，卻終究敵不過殘酷的戰火，在一九四九年三月八日，於湖南省零陵縣（古時永州）獲得短暫的安頓之後，終告離散。瘂弦從那之後換穿軍裝，他在回答龍應台詢問時說：

老師說的不聽了。我還想著吃肉的時候，他們說台灣有多好，說台灣那個地方四季如春，臘月天還可以吃到西瓜，每個人到那兒以後發一床美國軍毯，美國的喔！到了假日的時候可以把美國軍毯鋪在草地上野餐。他說還發軟玻璃的雨衣，穿上以後裡面的衣服還看得見，天晴了還可以摺好放在背包裡。想到這些，去台灣的心就更堅決了。一個星期後我們就到了廣州，那是一九四九年八月。（龍應台《大江大海——一九四九》）

這麼著就到了台灣，船泊高雄碼頭。有人來接，態度卻不一樣，神氣得很，一再叫著：「站好！」「排隊！」車到鳳山五塊厝，來了個說話河南腔的軍官——後來才知道他是通信連上尉連長——他說：「你們如果認為自己說話還清楚，打電話人家聽得懂，請向前三步走。」

瘂弦和幾位河南同學一塊兒向前走三步，就正式成為中華民國的一個上等兵。軍中生活乏善可陳，至於對龍應台說的「軟玻璃雨衣」，其實是透明塑膠製品，沒有什麼了不起，更距離綺想差了十萬八千里。但是，利用時間讀書，從不曾放棄，書本裡所寫的，有時可以排遣生活的苦燥，稍稍解除心頭的苦悶，更能將思親之情，予以舒緩。另外，讀書也培育了幻想能力，這是興念學習寫作的重要觸媒。

於是，在一九五三年三月，瘂弦考取政工幹部學校影劇系第二期。在還沒有學成，作一名出色的演員或一名精湛的編劇家之前，他卻在寫詩之門冒出頭，在幹校獲得寫詩比賽第一名。當年，開始以「瘂弦」筆名投稿，第一首作品〈我是一勺靜美的小花朵〉，獲紀弦賞識，登上《現代詩》季刊的寶貴版面。就此詩路暢通，成為年輕軍中詩人的佼佼者，也普獲社會與各學校愛詩者讚美。

「紅樓」笙歌

一九五五年到左營軍中廣播電台服務，結識張默、洛夫，被邀成為《創世紀》詩刊第三位發起人，並參加編務。當年還以〈火把，火把喲〉一詩，在軍中文藝徵稿中，獲新詩優勝獎。從此直到一九六五年，十年間獲獎多次。

結束左營時期，離開曾留下青春印痕的這塊帶有浪漫氣息的地方，瘂弦或許心有所戀與不捨。但上調台北，尤其是回到母校出任小主管（晨光廣播電台台長），是那時候軍中年輕軍官個個嚮往的，何況，回母校還有進修機會。晨光電台人皆以「紅樓」稱之，一幢三層樓建築，像小堡壘，也像瞭望台，瘂弦進住後，常是群賢畢集，有嚴肅的聚會，也有我們這一伙，加上幾位紅粉知己如王渝、羅英、張湘香、王泉生等，不時帶些小菜淡酒去叨擾，興致上來，鬧它一個通宵（必須是週六晚上，營區內人少）。

有一回，楚戈、商禽與我不先打聲招呼闖了去，時已傍晚，總得帶些吃的。我們知道瘂弦那兒必有酒，帶吃的就好。帶什麼呢？花生米、豆干、海帶、滷蛋、豬頭皮……似乎

2001年7月14日，無名氏邀請文友聚餐及欣賞書法。左起：管管、葉維廉、無名氏、辛鬱、瘂弦、張默。

年輕時的瘂弦。（瘂弦提供）

瘂弦的創作語言極富魅力，對生命內層的挖掘頗有創見。

太老套。「帶些新鮮的」，好像是商禽這麼說。話聲方落，正巧，一隻兔子打我們腳旁躍過。楚戈眼尖，一聲低喝：「就是牠！」

我撲了過去，還沒使出擒拿手法，兔子就被我右臂壓住。我們那時走在一處圍籬旁，有圍籬阻擋，所以兔子才這麼容易就逮。商禽急忙脫上衣，將獵物包住，三個人不說一句話，急急走向紅樓。

瘂弦的驚訝不在話下，我們且不敢太洋洋自得。四個人楞了一陣，似乎都在想：

「誰宰兔子？」

「拿什麼來燒？」

結果是誰抓到兔子誰來宰，讓我一個人造孽！

瘂弦有一口通電開水壺，勉強能把光溜溜的兔子塞進去清燉。

高粱酒配清燉兔肉，加上瘂弦晚餐的剩菜，與一小包油炸花生米，四個人嘻嘻哈哈、說說聊聊，直到夜深才一一不勝酒力。

夜宿紅樓頭一遭，我倒在二樓的轉角，聽瘂弦呼嚕呼嚕節奏分明的打鼾，一直到天明。

「紅樓階段」之後，瘂弦意氣風發，寫作方面更為精進。在一九六五年三月獲得第一屆青年文藝詩歌獎。次月與相戀多年的張橋橋結婚。又次月，當選「中華民國十大傑出青年」，獲金手獎（文學類）。九月，在各界紀念孫中山先生百年誕辰的話劇《國父傳》

中，飾演國父，從此一伙老友常以「國父」呼之。其實，他以聲音清朗沉穩，早有「音樂」這一綽號；集會時，他一出現，便有人高呼「音樂」來了。講到說話，瘂弦一口標準國語，是最佳會議主持人或重大慶典司儀的人選。許多男女朋友被他的聲音迷倒，他唱的河南小曲更是一絕。我常自以為小曲唱得好，但比起他的「畫一個紅不紅粉不粉的紅粉鳳凰，畫一個粉不粉紅不紅的粉紅鳳凰……」差得太遠。

擘畫經營文學天地

瘂弦曾兩度赴美深造，首次於一九六六年九月，到美國「愛荷華大學國際作家工作室」研究，為時兩年。第二次在十年後，去美國威斯康辛大學，攻讀碩士學位。兩次均有豐盛收穫，回國後在工作方面亦有新的發展。

他接任中國青年寫作協會總幹事，一直到一九七六年赴美才辭卸，這期間他把一個色彩顯明的民間社團，逐步消減色彩而走向中性，因此深深吸引了許多視政治為忌諱的中間作家，一起來參與青年寫作協會發起的活動。同時，他主編或參與編務的《幼獅文藝》、《幼獅月刊》、《幼獅少年》與《幼獅學誌》，都有了新的面貌。

一九七七年十月，瘂弦應聘擔任《聯合報》副刊主編，為自己創建了事業的高峰，也為報紙副刊創建了黃金時期。他一心為副刊的內容更新，設計新的欄目、開闢各種專輯。用最生活化、精緻化、深刻化的各類文稿，給讀者帶來豐美的心靈享受。尤其在與《中國時報．人間副刊》互相砥勵競爭的階段，瘂弦與高信疆兩位主編人，被譽為華文報紙副刊的雙擘，真乃一時瑜亮。

好光景令人回味，好時光令人留戀，《聯副》與《人間》的競逐，飽了讀者的眼福。瘂弦與高信疆的作為，雖說是因勢利導，恰在那國富民足的年代。但若沒有一點新觀念，沒有一份大魄力，恐也不易辦到。何況，那時兩位報業主持人王先生與余先生，都是一方之雄，要他們全權授與、全力支持，也著實不易。

瘂弦從外貌看來，灑脫之外，另有敦厚兼強韌的一面，這才有他堅持新副刊版面、擴充內容的主張及做法。說來，在那一時期的文藝愛好者與創作者，真是何其有幸！

瘂弦的詩好，散文亦好，雖然結集出版的不多，卻已足夠愛好者品之再三。他的抒情詩尤其動人。〈我的靈魂〉與〈給橋〉，〈紅玉米〉與〈鹽〉等，儘管筆法有異，取材不一，但讀起來，一字一句都自自然然融入讀者心坎，是那麼平和、靜謐，那麼多姿多采，耐人尋味。至於長詩〈給超現實主義者〉與〈深淵〉，因為探索的領域忒大，讀者得多費心動腦。他只寫了短短幾年，卻留下許多好詞好句，獲得那麼多人的讚譽，對我來說，一支鈍筆，似無隻字片言得以留存，真是愧對老友多年的照應。

（原發表於二〇一〇年六月《文訊》二九六期）

碧果

本名姜海洲，籍貫河北永清，1932年9月22日生，1949年5月來台。曾任陸軍中校，歷任《創世紀》詩雜誌編委、社務委員、副社長、社長等職。曾獲文復會第一屆金筆獎，國軍新文藝長詩金、銀像獎。著有詩集《秋・看這個人》、《碧果人生》、《肉身意識》；散文《知乎水月》；小說《黑河》；劇本《雙城復國記》、《萬里長城》等。

遙遙詩路的跋涉者

——略談碧果

心愫成詩

碧果以其詩風獨特，詩思詭異，語言奧奇，並被指為最先進的「後現代主義」寫作實驗者，而雄踞現代詩壇五十年。要說「後現代主義」寫作實驗者，碧果會淺笑以對，慢聲說：「我開始寫作，何謂『後現代主義』，還真是弄不清楚！至今亦然。」

其實，碧果長於自動寫作，興致上來，拿起筆，立刻能將前段時間心中浮現的詩意念，完整的刻畫出來。這不是什麼這個主義，或什麼那個主義，這是心愫的自然流露——他心中的事物形象在紙上孕化為詩。

他有一冊筆記本，一打開，全是詩，是每天一大早，看著小院子裡手栽的花草，再抬頭看天，有雲無雲都爽心，就這麼結合昨晚上想的、看電視有感催生的、甚至夢境中出現的，全寫進詩裡。

他說：「我不受文字操弄，是我掌控文字，成其為詩的語言。」

好一個碧果，坦然洩露了寫詩的竅門。

在軍旅生涯中，我們這伙人最不能忘記的，也是衷心感激的，大概就是允許我們耍筆桿；碧果當然是那一波潮流中一個善泳的健者。

為什麼寫詩？他說：「跟你同張默同管管同……一樣。詩，字少、形式簡單，還可以藏些損人的暗示。至於稿費，從開始直到現在，幾乎都沒有想過。」

1980年代初期，非馬來台，詩友聚談。左起：商禽、辛鬱、非馬、梅新、碧果、羊令野。

那時碧果在澎湖，生活苦悶、想老家，要轉移這種心境，就是塗塗寫寫，詩，就這麼上了手。

「當然會考慮找地方發表，要不然幹嘛寫？」碧果搖頭晃腦說：「可是難呀，一是不知道哪兒會登詩，二是要怎麼給寄出去。磨蹭了一些日子，經高人指點，總算有路可走。」

那是民國四十年代初期，軍中初學寫作的，幾乎都知道《新生報‧戰士園地》與《野風》半月刊。碧果選定這兩塊園地，開始投稿，然而給《野風》寄了將近一年的詩稿，全無音訊，直到次年（民國四十四

1966年，「第二屆現代藝術季」於耕莘文教院舉辦，參展人合影。蹲者左起：辛鬱、碧果、黃德偉；立者左起：張拓蕪、林綠、傅神父、羊令野、張默、秦松、舒凡。

年）有機會到台北受訓，去拜訪了主編田湜，才得知，田湜收到了每一篇稿，讀也讀了，只是不發稿，也不更動一個字，只說：「寫得很好，但是要再努力。」

碧果沒洩氣，當然也未冒火，取回成綑的詩稿。他繼續寫、繼續寄，終於讓田湜折服，把他的詩登上《野風》的寶貴篇幅。

這樣開始走上了順境。《藍星》、《創世紀》、《半月文藝》、《新文藝》等刊物，先後出現了碧果的詩，跟著而來的，是對他那與一般詩人風格殊異的作品的議論。好在有《創世紀》諸編輯的慧眼，不但多次刊載碧果的詩，還在《六十年代詩選》中，選入他的作品，以一段導讀，肯定了殊異的詩風，稱之為「新的發現」。

坦率面對人生

碧果走上寫作這條路，種因於少年時代。

他不諱言在民國三十年代中期，共產黨統治家鄉時，因為出身窮人家，背景好，所以被派擔任兒童團團長。那時他幹勁十足，領著一伙十二、三歲的團員全村轉，搞些小活動。也就在那段日子，在幾處有錢人家搜出了不少書，其中有舊俄與新俄的小說，翻閱了幾本，竟有了興趣，再讀下去，更有了較多的發現，這讓早熟的小革命分子，有了很多影響與啟發。

過了一年，舊的地方勢力還擊，共產黨撤退，兒童團解散。碧果沒跟著共產黨走，被人告發後抓進土牢，最後被四個槍兵押著離鄉，幾經輾轉，當了國民黨小兵，不知怎麼搭船來到了澎湖。

民國四十年代後期，碧果由小說家李冰（他早期也寫詩）引見，在左營認識了張默、瘂弦、洛夫，從此與《創世紀》結緣，一晃五十多年。他與我一樣，未曾就讀任何文藝函授學校，在詩與其他文類方面的一些認知，全靠朋友們互相傳授，所以特別珍惜與朋友相聚的每一片刻。

聚會中，碧果甚少表達意見，總是默默的聽，有時拿出小冊子，把朋友的佳言雋語記錄下來。然而他並非沒有自己的看法與意見，一旦他發言，還真是分量不輕。譬如有一回大伙兒談詩的語言，他說詩的語言並不完全可以被信任，因為語言化為文字之後，由於過度雕鑿，常常會產生逆向性，這便傷害了一首詩的完然呈現。

這是坦率的經驗談，我們若對照自己寫過的詩，不免會發現詩語言中隱藏著這種缺失。

我與碧果相識於金門「八二三砲戰」那年的端午節（詩人節），那時他駐防台北市六張犁，我在金門守海防。因為累積戰功，我可獲一個星期榮譽假，便選擇農曆五月初四到初十在台北度假。

那年的詩人節大會在台北市中山堂舉行，我在大會餐時才趕到，帶了幾瓶金門高粱酒，所以大受歡迎。

碧果必然喝到了我帶去的酒，所以在會餐結束後找我，握住我的手時，他興奮的說：

「我是碧果，我倆初次見面，謝謝你的酒。剛才紀弦介紹你的時候，我給你鼓了掌。」

這種見面方式我倒是頭一回碰上，遲鈍了兩、三秒鐘，我急促的說：

「謝謝謝謝，我讀了你不少作品，佩服你的新手法。」

其實，坦白說，我還不太能領會那「新手法」的妙處；我還一直沿用較傳統的白描手法在寫。

互換了通訊地址，握了手就各奔東西。到正式建立友誼，已在民國五十年代初，我、楚戈、張拓蕪都調到林口，做了尼洛與趙玉明的部下，構建了我們友情的「同溫層」之後。

碧果那時已調往復興崗政戰學校與瘂弦、蔡伯武、張永祥等人稱兄道弟。他來林口

碧果的手繪作品。

碧果寫詩在五、六十年代，就以打破詩的語言、形式、風格聞名。

探視我的病，帶來剛出版的《六十年代詩選》，我非常羨慕他的詩在這本書中出現，向他道賀。然後我們走近一片茶園，油綠的新芽引起我頗多感觸，他看出我的面容愁苦，為我加油打氣說：「不出三個月，你一定戰勝病魔，生龍活虎的來復興崗喝酒！」

果然，我去了北投復興崗。那是去參加國軍第一屆文藝大會，時間則在他到林口十個月之後。與會的各方人馬有不少舊識，所以根本沒時間和碧果喝酒，何況他也是代表，並且是保護會場安全的警衛部隊幹部。

才華全面，作詩不輟

碧果寫詩之餘，也從事繪畫創作，作品的線條繁複動人，而成為多家報刊的插畫作家。他曾參與第一、二屆「現代藝術季」的籌辦，展出時每天到場作導覽。後來又與管管、沈臨彬等合組

「詩人畫會」，在展出一次並出版《青髮或者花臉》詩畫合集後中止活動。

碧果也寫小說與散文，短篇小說常在《青年戰士報》（今《青年日報》）及《高雄新聞報》發表，散文集《知乎水月》由源成公司出版。此外，他唱小曲、哼地方小調也是高手，一曲〈秋胡戲妻〉出口，聲音高昂尖亮，真是原味十足。

民國七十年代初，碧果的第一部歌劇《雙城復國記》，在台北市國父紀念館公演，由名聲樂家吳文修主演，真是轟動一時。這部歌劇碧果歷時一年多，參考了許多資料，幾經修改才交卷。這一年多時間，碧果形同消失，關起家門苦寫，偶爾通電話，總說：

「快啦快啦，已經在結尾，三天之後，我請你與令公、彭老喝一杯。」

三天加三天再三天，尾是結了，卻又用紅筆塗掉，重寫！

碧果後來又編寫第二部歌劇《萬里長城》，有第一部的經驗，這次就輕鬆許多。《萬里長城》在台北國家劇院首演，我獲贈入場券前往觀賞，印象深刻。

碧果的創作才華雖然多方面展露，但是他畢竟以詩起家，最摯愛的也是詩。儘管在詩壇頗受爭議，他卻泰然處之。對於他長期以來一貫堅持的風格，曾有多位學有專精的評論家，從各個角度作多方面的闡述，卻似乎並不影響碧果內心的寧靜，仍安然的每天一早就寫詩，並說：「詩途遙遠，我依然要跋涉不輟。」

（原發表於二〇〇九年十二月《文訊》二九〇期）

秦松

筆名冬青草，籍貫安徽盱眙，1932年12月生，1949年隨家人來台，2007年4月9日辭世。省立台北師範專科學校藝術科畢業。曾任國小教師，並參與創辦「現代版畫會」、「東方畫會」、「中國新詩學會」等組織，1956年發起「藝文社」，並出刊《明天詩訊》。60年代中創辦《前衛》文學藝術雙月刊。1977年應愛荷華大學國際寫作計畫之邀，參加國際創作坊。旅居美國後，發起成立「紐約文藝中心」，創辦《新土》雜誌。曾獲美國國際版畫藝術協會收藏獎、巴西聖保羅雙年藝展榮譽獎。著有詩集《在中國的東南海上》、《唱一支共同的歌》、《無花之樹》；散文《很不風景的人》；合集《秦松詩畫集——原始之黑》等。

現代詩畫雙棲的前行者

——略說老友秦松

很不風景的人

一菸在手，他的話多起來，神情也輕鬆不少，幾十年的老菸癮，你勸他戒菸，他會說：那活著有什麼意思？

彷彿吸菸是他人生的頭等大事，一天兩包四十支，有時候加吸伸手牌；別人受不了燻，他不管，雖然瘦，身子骨卻還硬朗，所以朋友們都不曾察覺，他有高血壓，心臟早就有病。

去年四月，紐約還很冷，那個晚上酒過了量，心臟病發，地下室就他一個，等到房東找來警察發現，他走了已好幾天。

他是秦松，畫家、詩人。早年在台北名氣響亮，朋友多，在現代詩、畫領域，是個前行者。

他並非十分甘心去紐約謀生，去了之後大部分時間蝸居地下室，不去適應「新社會」，不學英文，不與當地人相處。幾近自閉的生活，憑什麼叫別人接受，承認他是個曾經很不錯的畫家？而詩隔著一層語言障礙，就更沒什麼能叫別人信服。

秦松的自我放逐誤了自己，也讓台北這座曾經讓他散發生命微光的城市稍有損失。想當年，一座巴西聖保羅版畫雙年展榮譽獎，對一個繪畫生涯剛剛起步的二十來歲年輕小伙子來說，那是何等的榮耀！但是，他的厄運竟起因於此。

獎牌還沒有拿到手，就因兩個在當時畫壇保守勢力的代表性人物，在一次有秦松作品參加的聯合展覽中，指著秦松兩幅抽象版畫作品〈春燈〉與〈遠航〉中的一幅說：

「這件作品有問題！」

什麼問題？那兩位「大老」指著畫中錯綜交叉的各色線條說：「有個倒過來的『蔣』字。」

這還得了，老實怕事的歷史博物館館長慌了，叫人找來秦松，結果是，不管〈春燈〉這幅作品中，某一部位有沒有一個倒寫的「蔣」字，畫先撤下。

事情沒有鬧大，也近乎不了了之。然而對秦松造成的傷害，卻難以彌補。這個時候，幸而寫詩成為宣洩情緒的管道，他沒有倒下。而我們這伙人，始終支持著他，煽起他推展現代藝術的熱情，請他來領銜發起舉辦「現代藝術季」活動；那已是民國五十年代前期。

其實，四十年代早期，秦松從台北師專美術科畢業，分發台北縣新莊國小任教時，

1965年在「中美文經協會」，詩人與畫家舉辦「第一屆現代藝術季」。坐者左起：李錫奇、張拓蕪、于還素、陳庭詩、辛鬱、秦松，立者左三起：江漢東、吳昊、林復南、姚慶章、景翔、梅新、佚名、施叔青。前景為展出作品

已是詩畫雙棲、略有知名度的一位新人。他曾與麥穗等一群詩人辦《明日詩訊》，加入紀弦創組的「現代派」，詩作經常在《現代詩》、《藍星》、《創世紀》等詩刊發表，成為現代詩界非常風光的中堅一代。藝術方面除為「東方畫會」重要成員，另與楊英風、陳庭詩、江漢東、李錫奇等創組「現代版畫會」，也稱得上是一方之雄。

唱一支共同的歌

我與他在「現代派」成立大會上相識，經常跟著他到南京東路二段「東方畫會」發祥地，與夏陽、霍剛、吳昊、朱為白等人交上朋友，成為現代藝術運動的一個吹鼓手。秦松還帶我到台北市衡陽路口新生報大樓參觀畫展，逛牯嶺

街舊書攤。那時他任教台北市女師附小，有一間宿舍小而亂，我常去幫他稍做清理；因為他正在跟一位李姓漂亮小姐談戀愛。

不久我去了金門，投入八二三砲戰，回來之後被調往台北縣林口，而與秦松常見面的地方卻是台大醫院；我們與一批詩友輪值擔任前輩詩人覃子豪的看護。秦松畫作發生倒「蔣」事件時，我還在金門，有位朋友說：「如果那時辛鬱在場，這小子的火爆性格，恐怕會鬧點風波出來。」會嗎？大概不會，因為在那個年代，個體生命很脆弱。

「現代藝術季」活動的原始想法，起因於顧獻樑先生的一句話：「藝術界太沉悶了。」顧先生那時從美國返國定居，在清華大學歷史系教美術史，是位現代主義的服膺者。他是秦松畫作出問題的那次聯展的策展人，好不容易經他號召而約集一百四十五位現代藝術家，並且計畫成立「中國現代藝術中心」。經倒「蔣」這麼一攪和，「中國現代藝術中心」告吹，顧先生頗有壯志未酬之慨。於是，經常約畫家詩人到他位在信義路二段的住所小聚，欣賞畫冊、幻燈片，喝著咖啡海闊天空的談這說那。這一天，有人說了下面這句話。

「我們來辦一個詩畫聯展怎樣？」

好像是楚戈的聲音，在場諸君立即響應。綜合意見是：由秦松、辛鬱、楚戈、李錫奇、姚慶章等人成立籌備小組，秦松、辛鬱多做點事，請顧先生借場地，經費先由在場諸君每位捐一點，再對外募集，另請于還素、紀弦兩位當顧問，籌備處設在溫州街某號姚慶章、張和之的新居。

經由負責籌辦「現代藝術季」的激勵，秦松終於掃除了因畫作被誣陷而堆集心中的陰霾，他出錢出力，雖非獨挑大樑，卻擔當了大部分責任，而於民國五十四年三月在台北市火車站附近「中美文經協會」，順利成功的推出「第一屆現代藝術季」活動。

活動的第三天是週末，晚上在紀弦出面借到的成功中學一間大教室，舉行「痛苦與狂喜」慶功活動，凡參展者都得表演或說一段自身痛苦與狂喜的經歷。輪到秦松上台，他先是輕聲笑出，然後轉為喜極而泣，最後竟至號啕大哭。在場諸君都能領會，這一大哭，哭出了多年怨氣。

五十五年三月在耕莘文教院推出「第二屆現代藝術季」，秦松仍為主要推手，我們把活動內容擴充，除詩畫聯展，擴充了詩朗誦，小說與散文朗讀，現代舞蹈表演及現代戲劇演出。另有一場多領域的座談會。活動結束，文教院傅神父為我們辦慶功茶會，希望大家說幾句感言，秦松先是感謝文教院傅神父與各位同工，再感謝參展的各路英雄，接著希望明年、後年，一年又一年辦下去……。

然而事與願違，「現代藝術季」在多重因素下成為絕響。秦松不久調往北師附小任教，沉寂了一段日子後，談著一次預知沒有結果的戀愛，開始致力油畫創作。

五十年代後期，他開了一次新作展，作品以油畫為主，畫面的幾何造形，構建了他的新風格，我曾為他配詩若干首，附在畫外展出，可惜自己未曾收存。

2001年，「現代藝術季」的三位主催人合影。右起：秦松、李錫奇、辛鬱。

秦松的散文集《很不風景的人》，文字富有詩味。

秦嶺之松，無花之樹

秦松在民國五十八年，由旅居紐約的華裔畫家丁雄泉推薦，經一家畫廊邀請赴紐約舉行個展；並非美國國務院邀請，但這一去，由於多種因素，直到民國八十年代初，才得以返台。他在美國並不得志，雖然應邀到多處舉行個展，詩作亦常在洛杉磯出版的《新大陸》詩刊，及國內各詩刊發表，但均未得到青年期作品發表時所獲的迴響。在一張寄給我的賀年卡中，他寫道：

「我活得很自在，也結了婚，物質生活對我來說並不重要，我要的是自在……」

他自在嗎？聽去過紐約與秦松見了面的朋友說：

「秦松好酒，咖啡當麵包，太太離了，一個人窩在地下室，你勸他，他反過來罵你一頓。」

這可不是「自在」呀！所以我去信勸他回來，

好歹能教個小學，調整過來後，重新站上台灣畫壇。他後來回台找我小飲，談到他的未來打算，那時他又娶了一位大陸女子，有家庭負擔，所以也曾動念在台北安居。

結果，他與一家畫廊簽了約，由畫廊提供一筆費用，他則定期交出畫作舉行個展。有一次回來，他來找我，帶了一卷畫作一本陳舊的小冊子，這小冊子我太眼熟，因為是我交給秦松的，上面記列了他第一次出國時朋友們捐助的旅費數目。例如：大荒××元、楚戈××元等，那時大家都窮，捐的錢只夠他零用，當時由我發起，所以由我列帳。沒想到他竟如此重視，保存了二十多年，他說：「你代表轉達謝意，錢不還了，我送每位一幅小畫。」

我頓時楞住，不知怎麼才好，他如此珍惜朋友情誼，這事，我當然得幫他辦好。

但秦松多次回來，除我與羅門外，與老朋友見面機會不多，其中一次，話不投機，在「蜀魚館」以摔酒杯散場。到老朋友們再次聚在一起，卻在他的追思會上，如此人生，怎不令我黯然！

（原發表於二〇〇八年十月《文訊》二七六期）

劉菲

本名劉文福，另有筆名劉金田、田滇，籍貫湖南藍山，1933年1月14日生，1949年前後來台，2001年9月3日辭世。湖南省立第一師範學校畢業，國防部國家安全研究班研究。曾任國防部電訊發展室副主任、駐外主事，《秋水》詩刊編委、中國新詩學會《新詩學報》總編輯、《世界論壇報・世界詩葉》主編等。曾獲中國文藝協會文藝獎章。著有論述《長耳朵的窗》、《詩心詩境》、《評詩論藝》；詩《花之無果》、《風景・情景》等。

一生勞瘁皆為詩
——略述我所知的詩人劉菲

兼愛現代詩、現代畫、現代音樂

認識詩人劉菲在一個非常偶然的場合，那是民國五十年代中期，在秦松與我為舉辦「現代藝術季」到處奔波的時候。參與籌辦的詩人、畫家有很多位，但大部分瑣事，都由我與秦松經辦。某天，我們路經台北市武昌街一段周夢蝶書攤，看見夢公正在聚精會神聽一個中等身材，臉頰削瘦的軍人高談闊論。走近一看，不認識，但這位制服上標明陸軍上尉的軍人站起身，指著秦松說：「你是能詩能畫的秦松吧？」這位上尉軍官正是劉菲。

秦松點頭連說三聲「是」，這麼著就交上朋友。他那時用另一個筆名「劉金田」自我介紹，說自己喜歡現代詩、畫，偶爾也寫詩，不過，最大的興趣在現代音樂，所以與許常惠、史惟亮等音樂家很聊得來；「劉金田」這個筆名，曾用來寫一些音樂評介與音樂會活動資訊。

我們趁機拉他參與「現代藝術季」籌備小組，他熱情的答允，並且說：如果可能，將邀約許常惠、史惟亮等參與，共襄盛舉。可惜第一屆來不及，到第二屆才請到他們列名為共同發起人，但並未提出音樂作品參展。

因為都有軍人身分，雖然他的官階高我三級，卻不成為阻礙，我們很快成為促使文學、藝術現代化的合作伙伴。他那時在一個不能對外公開身分的軍事單位，職司通訊之類的祕密業務，所以我們從不談軍中事務。開口閉口都是現代詩、現代畫、現代音樂如此這般。

熱情幽默的摯友知交

他為人非常熱情，總是笑口常開。經由兩屆「現代藝術季」活動，不僅結交瘂弦、張默、洛夫、楚戈、李錫奇、姚慶章、陳庭詩等詩人、畫家，同時勤奮的為《創世紀》、《幼獅文藝》、《文星》等刊物寫稿，介紹現代音樂活動，並以現代詩論評崛起詩壇。

瘂弦主編《幼獅文藝》，曾請劉菲選輯現代詩金句，在該刊五十九年五月號開始連載，並計畫結集出版，定名為「現代詩金句選集」。但刊載到當年十月，坊間卻出現了王憲陽編選的《新詩金句選》，其編選方法幾與待出版的「現代詩金句選集」雷同，只好中止出版並結束連載。對劉菲來說，這是一個重大的衝擊，在一次聚會中，他曾對多位朋友說：某人太沒意思。民國八十年歲末，劉菲在詩集《花之無果》的附錄〈詩外的話〉，還念念不忘此事，而略有所述。

此事發生不久，劉菲忽然「失蹤」，原來他奉派從事祕密的軍事任務（後來知道他去了馬祖）。這之前，他應我的請託，訂做了一套西裝，擔任我的伴郎，助我完成終身大事。那是五十九年十月三十一日，傍晚傾盆大雨，禮堂裡朋友們興奮的勸酒聲幾乎壓倒屋外雨聲淅瀝，我已不勝酒力，蒙劉菲義助代我擋酒。回到新房，幸有劉菲相伴，才少受了朋友們起鬨鬧房的折磨。如今執筆念故友，怎能不默然含淚。

1970年夏在畫家李錫奇家，劉菲（右二）變魔術，逗樂一群人。左起梅新、辛鬱，右為羅行。

劉菲當年舉止瀟脫，因為收入較豐，出手大方，常約秦松、李錫奇與我小酌，在台北市中華路「三友小館」或「開開看」小吃店，點幾碟江浙小菜，喝一瓶紹興酒，興盡而不散，逛台北市新公園閒看漂亮小妞，論頭評足一番。其時李錫奇已有知心人——即女詩人古月，我們三個還是光棍，所以比較有條件找漂亮小姐搭訕。我較不擅此道，秦松則略顯急躁，劉菲頗有兩下子，總能套出小妞幾句話，但最後難有戰果。朋友相聚，劉菲也能製造歡樂氣氛，讓大伙兒一樂。有次在新莊李錫奇家，到了多位英雄好漢，等待李媽媽的金門佳肴上桌之前，大家玩遊戲助興。劉菲拿我當道具玩一種

「摸銅板」遊戲，他在我身上東抓西摸，一會兒從背後摸出一個十元硬幣，一會兒又從褲腳管摸出一個，三二下子，竟摸出五個十元硬幣，大家嘖嘖稱奇，劉菲故意賣關子，不做任何解說，嚷著鬧著，好菜桌上噴香，一伙人圍上前去。有吃有喝，就忘了剛才那一檔事兒；這謎底，至今也沒揭穿，而且已不能揭穿。

傳播詩藝不遺餘力

劉菲在馬祖前線，因為職務關係，所以較少與當時也在馬祖的文友如張拓蕪、一夫等接觸。那時對岸偶有砲彈射來，劉菲住的碉堡門前，曾被一彈擊出一個大坑洞，劉菲不驚不慌，還寫了詩，其中有句：

他們是棋盤中的一枚棋子

我們也是……

感慨極深，但亦莫可奈何。

其實，劉菲寫詩，涉入政治或社會層面的素材不多，他擅長寫「情」，所以張默在為劉菲詩集《花之無果》寫序時，題為「情是一切的高音」。劉菲自述「詩觀」中有言：「詩有情的成分，情是詩的源泉。詩有意的成分，意是情的擴張。詩有音樂的成分，音樂是詩的諧成。詩有畫的成分，畫是詩的景觀。詩有藝的部分，藝是技巧之功。詩之所以為詩，就是運用文字精簡而能構成情意諧協的藝術品。」（見詩集《花之無果》封底內頁）

我於民國七十六年接任國軍文藝詩歌研究會召集委員職，劉菲是最支持我的會友之一，幫我出點子，辦龍年詩人六十大慶餐會（當年十月，到場壽星十位，賀客五十多位），與「紀念抗戰六十週年青年詩人學術研討會」（八十六年七月七日），他任總務，與張默兄、須文蔚老弟以及與會的青年詩人，把一整天活動辦得井然有序，而且深富內涵。他的熱心任事，在詩友中極有口碑。民國八十二年三月，包括文曉村、王幻、田湜、邱平、林紹梅、麥穗、張朗、晶晶、劉菲、謝輝煌、藍雲等十一位詩人，組成「三月詩會」，共研詩學，輪流每月由一位詩人主催，大家提供近作至少一首，共同討論，開一時風氣，傳為詩壇佳話。如今劉菲大去，張朗與文曉村亦先後辭世，「三月詩會」幾經變化，盛況已不若往昔，令人深為惋惜。

氣慨始終昂然的一條漢子

劉菲曾長期擔任《世界論壇報．世界詩葉》主編。這份由週刊到雙月刊再到月刊，刊期有多次變化的詩刊，於民國八十年，由麥穗、張朗、劉菲三位詩人，在《世界論壇報》經營者的支持下，籌畫產生，及後麥穗、張朗二位並未實際參與編務，而由劉菲一人主掌。他當時雄心勃勃，發出許多邀稿信，向詩學界、多位著名詩人、中生代詩人群中的佼佼者約稿，但反應似乎不怎麼熱烈。劉菲只得一肩挑起，多方集稿，盡力按期出刊，有段期間，與對岸詩人來往頻繁，曾大幅度刊出大陸各地來稿，特別是女詩人的作品，曾引來「劉菲獨鍾情於大陸女詩人」的閒話，劉菲並不在意。他為維持「世界詩葉」的正常出刊，真是有苦難言，這方面，麥穗兄最能體會。

2000年6月14日，為11位馬年出生的詩人慶生時合影。左起：劉菲、向明、方心豫、辛鬱、楚戈、張騰蛟、王璞。

八十年代後期，他得知患了癌症，難免心驚，住院醫療後，稍見復原，就進報社，編、寫兩忙，還兼作分送寄發雜工，無懼惡疾再犯。一次雨天在公車上相見，瘦弱的他右手持傘左手提一布袋，我接過布袋，掂掂分量，不輕，問他袋中何物，他低聲說：詩葉的來稿，我帶回家選編。

我一語待出，他立即會意，提高聲音說：「我還倒不了！」

真是驚心一語！這使我想起，當年沙牧在世，蝸居羅斯福路三段一小巷陋室，劉菲約我去探望他。沙牧因腰痛臥床，劉菲問他為何不

劉菲寫詩亦評詩，所出版著作亦以詩創作與評論為主。

就醫？

「就醫？我還倒不了！」口氣有些驕狂、不屑。

沙牧此言與劉菲這一句「我還倒不了！」差別怎能以道里計！？

劉菲抱病為「世界詩葉」，是眾所共知的，姑不論「世界詩葉」的水準品質，劉菲如此盡心盡力，作為詩人，是足以向世人交代的。

民國八十九年端午節，《八十八年年度詩選》出版，我運用詩歌研究會的有限經費，為民國十九年出生的十一位詩翁辦七十壽喜餐會，這群馬年詩人都來參加，劉菲其時惡疾已有復發跡象，仍勉力與會。見面時，我問他近況，他略有遲疑，稍一沉思，隨即朗聲說：「辛鬱，你放心，我會活到中華民國一百年！」

氣概昂然，他是始終把忠愛中華民國的意念，坦然流露的一條漢子。

那天大家拍照片留念，一張壽星合照中，他沒在場，後來我拉來楚戈、魯蛟、向明、王璞等老友，總算得一留影。

劉菲於民國九十年九月三日軍人節去世，加重了朋友對這位熱情、厚道、軍伍出身的詩人的紀念意義。

（原發表於二〇〇八年九月《文訊》二七五期）

梅新

本名章益新，筆名魚川，籍貫浙江縉雲，1933年12月23日生，1949年來台，1997年10月10日辭世。中國文化大學新聞系畢業。曾任教於中國文化大學，歷任《聯合報》編輯、《臺灣時報》副刊主編、正中書局副總編輯、《國文天地》社長、《中央日報》副總編輯兼副刊主編。著有論述《憂國淑世與寫實創新》、《魚川讀詩》；詩集《再生的樹》、《椅子》、《履歷表》；散文《正人君子的閒話》、《沙發椅的聯想》；報導文學《從北京到巴黎》；合集《梅新自選集》等。

從「魚川讀詩」說起

——略憶知友梅新

另一個「梅新」

梅新以「魚川」筆名，在《中央日報》副刊寫讀詩專文時，讓我看到了另一個「梅新」；大異於他編《中央日報》副刊，或辦那麼多次精采的藝文活動。一靜一動，我喜歡「靜」的梅新；他「動」得太多了，精疲力盡，因而早逝。

對《魚川讀詩》，洛夫在集序中有精闢深入的剖析。我只想說，如果梅新活著，繼續寫，「魚川讀詩」一定會更引發詩家的重視；梅新是該安靜的坐在書桌前，讀書、思想、寫作，成其為詩界的一「大家」。

我曾用這些話與梅新在一家咖啡館談了三小時，因為梅新曾對我說，胃口不好，腹部右下側常隱隱作痛。我說你攬那麼多事來做，又凡事一把抓，鐵打的骨架也會生鏽。他不滿意「攬」與「抓」兩個字，我們抬起槓來，我深知他求好心切，只能說，身體要緊，多找休息機會，哪怕十分鐘，也可以閉眼打個小盹。

梅新與我同鄉，在詩友中認識最早，又同在金門捱一陣子苦；與我同歲，小我半年。所以我總以為有「資格」給他一點規勸。

當年，包括大荒、楚戈、商禽、梅新、張默與我這伙人，梅新最小，卻最早表露力求上進的雄心。經過一段不短的時日，梅新接受了師資班訓練，當上小學教師，然後考大學，從淡江法文系到文化新聞系，畢業後先後任職於《幼獅文藝》、《聯合報》、《民生報》、文復會、《聯合文學》、《臺灣時報》、正中書局、《中央日報》等單位，所有的工作，都在不同的編輯檯上完成。坦白說，在忙碌工作中的梅新，不免有點不近人情，記得有次沙牧約我去看梅新，我們到了報社，在樓下撥電話上去，他接了電話卻遲不下樓，我再撥電話，接聽的一位小姐告知：章先生開會去了。這讓我生氣，但我明白，他一時不想同沙牧碰面。

我只好對沙牧敷衍一番，拉著他去喝小酒。那天晚上，梅新打電話向我道歉，加上一句：你知道我現在多麼怕喝酒嗎？這話給我的立即反應是：梅新有病。

1976年夏由張默攝於花園新城，是日舉行烤肉詩會。坐者左起：大荒、辛鬱、洛夫，立者左起：商禽、梅新。

梅新在任何飯局上，喜歡鬧酒，他有膽無量，但會很技巧的把人唬過去。如今直說怕酒，情況不簡單。因此，逮著機會，我又多嘴起來。

「梅新，《中央日報》不差你這位幹將，身體不好，趁早抽腿吧！」

他一連三聲去去去！只差拂袖而走。瞪著我問：「我哪裡有病？」

我閉口，轉頭看向別處。他感覺語氣太重，沉聲說：「多謝你一再提醒，以後我注意就是了。」

真的，我真的有資格規勸梅新，因為我們在金門曾有一段患難與共的相處。

力求上進

八二三砲戰前兩年，重霧封海的五月，我隨部隊到金門，紮營金南埕下一個小山坡上。月底收到寄自五月四日的台北來信，是紀弦老師的手跡，匆匆拆閱，上面寫著：「1.今天五四，文藝節，所以寫信給你一個祝福。2.梅新也在金門，你可以去看看他，地點是……3.金門的第一首詩，一定要給《現代詩》。」老師的信永遠是條文式的。

我遵師囑在六月第一個假日去看梅新，第一次見面，他有點緊張的口吃，一句話結結巴巴說不完。我愛吃甜食，在基隆上船時買了幾包水果糖帶到金門，去看梅新時拿了一把當見面禮。梅新接過糖包，竟又口吃起來，而且還有點眼淚汪汪。後來他告訴我，那天看到他熟悉的水果糖包，不能自制的想到了在左營的外婆。梅新是外婆的心肝寶貝，在戰亂

1985年9月23日，丁雄泉來台北，在梅新家合影。左起：洛夫、張默、管管、丁雄泉、瘂弦、葉維廉、張堃、梅新、辛鬱。

1997年9月15日，與韓國女詩人金良植合影。左起：菩提、辛鬱、梅新、金良植、洛夫、方心豫、張默、商禽。

中一直帶在身邊逃難，民國三十九年就隨著外婆與舅舅一家逃到台灣。舅舅是軍人，所以梅新在到台灣一年以後也穿上軍服。那天梅新吃著水果糖，細訴外婆的慈祥，令我也因想念家人尤其是外婆，而淚流滿臉。

我們以彼此最純真的思親之情締交，我怎能不為他的健康操心？

在金門，我們的來往以談詩為主，偶爾也說些閒話，例如家鄉有些什麼人，想不想退伍啊，退了以後幹什麼等。我那時以為自己會幹一輩子軍人，將來必定戰死疆場，他說我沒出息，不想到社會去發展。有一回他透露心事說：「我一定要上大學，還要找一位志同道合的女大學生，成家立業。」

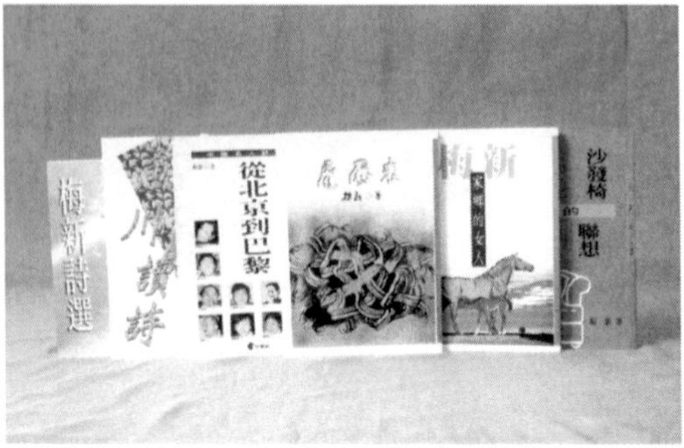

梅新寫作橫跨論述、詩歌、散文與報導文學等，甚具個人文學風格。

我說他癡心妄想，但他經過一番努力，竟做到了！可是，有多少人知道梅新是怎麼樣進修苦讀，突破重重阻礙，一步一步走上自己選擇的路，終究讓自己活得自在而又有尊嚴，並成就一番事業呢？

金門八二三砲戰前一年，梅新調回台灣，其時外婆已去世，舅媽總對他冷眼相看。失去了「家」的溫暖，梅新在冷冷人世選擇讀書取暖，用微薄的軍餉買了些考試參考書，立志考取公辦的「師資班」。結業分發，地點在現今

「核電一廠」所在地阿里磅——台北縣海岸線上一處極偏僻，浪高風急經常大雨傾盆的小地方。有回我去看他，他留我夜宿，睡的是門板，被子根本無法取暖，我們在濕冷的夜裡聊到天亮，那時他教師兼工友（因為資淺），一早就得照料十來個從沿海山坳裡鑽出來的毛頭小孩，所以匆匆給我煮了一個雞蛋，就催我「打道回府」。我真得感謝他趕我早走，因為那天中午就大雨封路，沒有車子來往了。

阿里磅時期的梅新很瘦，收入少，除了生活必需品，再買幾本準備考大學進修的書，還得留下幾文作路費，上淡水買必需品，所剩無幾。晚上讀參考書，做筆記，在低度燈亮下，原來就眨巴不停的眼睛就眨得更嚴重了，有蓄膿老毛病的鼻子，也抽搐得更厲害了。我第二次去看他，不必經由訴說心頭話，就可從他不斷眨巴的眼睛，和不斷抽搐的鼻子，得知他境況的淒慘。

但是他終於出了頭，憑著不斷努力進取，有了一片自己的天。

熱情為詩

在台灣藝文圈，也許是參與的人太多，也許是變遷的步調太快，總常有令人難以接受的狀況發生，例如詩歌圈子裡，分出新、舊詩之外，又有所謂新詩、現代詩之分。詩人以詩刊結群，少則十餘人，多則數十人，大家各自定調、吹號，彼此之間貌合而神離，難有為一個共同主題而合奏的可能。

這種情形看在梅新眼裡，時感痛心，有一次我去報社送稿，他留我喝咖啡，曾說：「辛鬱，你適合做一件事。」

我問他做什麼事。他說：「把詩壇各門各派拉在一起，辦一個聯合詩刊。」

這是我發起組合詩人，並命名為「台灣現代詩協會」的源起，但由於一次發起人會談之後，有多位詩人都想站出來作「領導」。此事就偃旗息鼓，沒人再提起。

梅新雖深以為憾，卻從此不再談及，後來他籌組《現代詩》復刊，而且堂而皇之真的辦了起來；建議出版年度詩選，也經多位詩人贊同，而由爾雅出版社按年出版。這些似乎都與籌組「台灣現代詩協會」不成有關。

梅新是個熱情的人，精力充沛，總想找事做，他編《國文天地》時，有意要我做副手，曾說：「這才是適合你幹的工作。」

我沒有接受，當時未說原因，現在他已大去，不妨一說。因為我與他都是個性較強，認知力較主觀的人，一旦幹同一件事，雖職務有別，總難免會有衝突。

如今想來，卻成為我的一大憾事，我在想，如果我真的去做梅新的副手，以我們共同的理想為衝刺的目標，或許，在「聯合詩刊」這個構想上，會做出些成績來吧！

時光急馳，梅新已走了十一年，我上述的這番設想，也早就沒什麼意義了。

（原發表於二〇〇八年十一月《文訊》二七七期）

許世旭

1934年7月26日生於韓國任實，2010年辭世。畢業於韓國外國語大學中文系，台灣師範大學國文系博士。曾任教韓國外語大學、高麗大學中文系。長期致力於研究中國詩歌及中國文學史，並以中文及韓文從事文學創作。著有《許世旭自選集》；韓文論述《中國古代文學史》、《中國文化叢說》；詩集《雪花賦》，韓文詩集《青幕》、《流向地心的脈流》；散文《搬動著的故鄉》、《太陽祭》；翻譯《初黃：金良植詩選》、《春香傳》、《過客》等。

率性與務實

——為許世旭造像

文友相會一見如故

那年，距離嚴重影響台灣安危的金門八二三砲戰還不到兩年，一股濃烈的整軍經武氣氛，還瀰漫在台灣上空。一個二十六歲的韓國青年，剛從大學畢業服完兵役，就提著一件簡單行囊，在興奮與不安交集的心情下，搭機來到陌生的異國——台灣。

他考取了中華民國教育部的外籍學生獎學金，準備進入台灣師範大學中文研究所，就讀碩士學位。

民國四十九年的台灣，還剛從農業為主要生產品的窮困狀態，進入輕工業生產為先導的待開發國家行列。較之受戰爭嚴重破壞，正著手重建的韓國，生活條件略微好些。所以，對這位韓國青年來說，拿中華民國給予的獎學金，他十分滿足。但是，在辦妥入學手續，安頓好往後的生活起居，他感到前所未有的孤獨與寂寞。

怎麼排遣這種感覺呢？左思右想，忽然靈光一現，想到在漢城外國語大學中文系圖書室讀到的中文現代詩歌，眼前閃出兩位詩人名字：覃子豪與紀弦。

他決定找到地址去拜訪兩位詩人；這是被紀弦叫做「老許」的許世旭，第一次與中華民國詩人接觸。

在台北市濟南路成功中學教師宿舍，紀弦老師狹小的安樂窩裡，許世旭受到笑臉相迎，正巧，那天楚戈也在座。兩個人一對眼就彼此投以好感，結為莫逆。

那天辭出老師府，兩個人就在路邊攤喝起米酒來。過幾天又逢週末，楚戈與他那一伙人——商禽、鄭愁予、王凝、秦松與辛鬱，就同許世旭見上面；因為紀弦叫「老許」，大家也跟著這麼叫。這「老」，包含著「老朋友」、「老交情」多重意義；但實在折煞當時才二十六歲的許世旭。

這狀況，套一句祖宗的話：「一見如故」是也。

率性的漢學家

坦白說，老許那時的中國話，還說得不甚流暢，但他把「擁抱」叫做「抱擁」，倒是有一番道理，似乎糾正了中國人的說法。「抱擁」，先伸手抱之，再擁之入懷，豈不更親切、更熱情？

他入學初期，老師交代的第一門功課，是讀經書並加標點。這門功課楚戈、商禽與我曾幫上一點忙，代點標點符號而已；所以我們有不少見面機會。

那時大家都窮，誰也不敢請客，常常一頓小吃，四或五人分攤。老許喜歡吃豬耳朵、豬頭皮加滷豆乾，炒花生或滷花生則為眾人所愛。後來，朋友多了，也混熟了，老許不改他對豬耳朵的嗜愛，曾在洛夫家，把莫大嫂的拿手好菜——涼拌豬耳朵絲，當炒麵吃，而且一吃兩碗。

當然，詩是友誼的媒介，老許一開始就非常認真的寫中文詩，並經由楚戈「非常認真」的「檢定」，才投稿給報章雜誌。此外，他的散文作品也源源而出。幾年下來，結集出版了兩本詩集、兩本散文集、一本自選集。

中文寫作，對老許的中國話起了導引作用，一開口，竟遠比楚戈的湖南腔、管管的山東腔與我的寧波腔，圓融精準許多，當然，比起瘂弦、鄭愁予的標準國語，還稍微差些。

草草用中文寫作，似乎不能滿足老許內心的一種強烈意念——溝通的橋樑。他在獲得碩士學位、準備攻讀博士學位的一段休頓期，把部分心力投入中韓文學作品的翻譯；這也包容了兩國的文學發展與學術研究。所謂「寫詩要胸懷、研究要頭腦」，心腦並用，老許逐漸展現作為一個當代「漢學家」的氣度。

務實卻又超越浪漫

說起來，老許醉心於中華文化，特別是詩詞歌賦，源自家學。他的祖父和父親，都是

1978年8月，韓國詩人徐廷柱夫婦（坐者左三、四）訪華，詩人聯合歡迎。坐者左起辛鬱、許世旭，右起羅門、蓉子；立者左起方心豫、張默、商禽、羊令野、洛夫、梅新。

著名的漢學家，中國話朗朗上口，還寫得一手好字。我曾在老許家欣賞許老伯的書法，筆力遒勁中見其雅趣。韓戰前，一家人和樂融融，初時，一本漢學家丁來東所寫的《北平印象》，引起老許自接受父親口授的漢學教育以來，內心極大的震動，啟心動念要作北平遊，親覽中華文化的精粹。

但戰爭一起，一切幾近幻滅。

許多家庭破碎，老許家難免也受影響，逃難避戰，但學習中文始終不曾中輟。戰火稍息，漢城還在一片混亂中，求知心切的老許就繼續求學，終於天分加上努力，考取外國語大學中文系，四年後以好成績畢業，並在多人競爭下，考得中華民國教育部設置的外籍學生獎學金。

老許接觸中文現代詩是在大學前期，而對自己國家的現代詩，則在未入大學前就已有極深認識，並在不讓父親發現的情形下，學習寫現代詩。

在生涯安排上，他是個務實派，一切都經由理性的規範。但一拿起筆，不論寫詩或散文，則率性而為幾近浪漫，所以他才與我們這一伙人，「一見如故」的玩在一起，吃喝在一起，寫作時則各憑天分，浪漫也罷、寫實也罷，各人創建一片小天地。

民國五十二年，楚戈、沈甸、一夫與我都在林口，老許數度來訪，「茶業研究所」的種植場以及竹林山寺，是我們常常攜酒漫遊的地方；我們都窮，但窮也有窮辦法來寬待這位異國朋友。鄭愁予偶或參加，叫老許為「高麗棒子」，我則常高呼「抱擁」將他緊緊抱而擁之。

他曾告訴我們一件妙事，說是除了我們這一伙阿兵哥以外，他還認識一位道地海軍官校學生，名叫「張明石」。事情是這麼開始的：有一年他特別想家，但寒囊羞澀，沒有盤纏，某日讀報看到一條令人振奮的消息，說是國防部為海軍敦睦艦隊出國訪問，歡迎嚮往海洋生活的有志青年報名參加，訪問首站為日本，老許心想，試試運氣，就給國防部寫封信，看看能否接納一個外國留學生參加？結果，運氣好極，他獲准加入。上了船，接受特別待遇，艦方派出的接待員，正是張明石（當時少數台籍官校生之一）。兩人一見投緣，回台後還結拜兄弟，老許為兄張明石作弟，感情好到每逢農曆年老許都到南投山鄉大寮張家守歲；而我們總以為他回漢城與家人團聚。

為中韓文化作嫁

1985年1月，於舊金山唐人街合影。左起許世旭、徐遲、紀弦夫婦。

1989年12月，合影於花蓮天祥。左起鄭愁予、許世旭、楚戈。

「裸身宣示創作精神的解放」，這檔事兒在數十年前的台灣，可是充滿叛逆性的作為，有人恐怕會大喊：「罪過」！但包括洛夫、商禽、楚戈、瘂弦、辛鬱、許世旭六條漢子，因為喝了洛夫千金莫非的彌月酒，膽子壯起來，跑到台北縣平溪鄉的一處水塘，赤條條的照了幾張相。由於照相機為老許所有，所以他的「罪過」較大。如今想起這樁破天荒的壯舉，大伙兒還是笑歪了嘴。若有人指著老許說：「你是大罪人！」老許會說：「這是你們愛做暴露狂！」但這事若放到時下，又算得什麼？

老許在民國五十七年拿到博士學位，榮耀的是，這是中華民國頒授給外國人的第一座博士學位。喜形於色乎？老許不會如此輕率，他只覺得肩上重擔從此壓落！中韓兩國的文化交流，從此他將不能推卸責任。

他回漢城後，立刻投入教育工作，先後在外國語大學中文系、高麗大學中文系，教授中國文學，並擔任碩士生與博士生導師。教學期間，不忘文學寫作及

「寫詩要胸懷、研究要頭腦」，是許世旭創作與做學問的氣度。

學術研究，經常參與有關中華文化的研討會，與兩國學者的交換訪問活動。在韓國社會上，他創立韓國中語中文學會、中國現代文學學會、中國學研究會，負責主要會務推動。學術研究方面，先後出版韓文《中國古代文學史》、《中國近代文學史》、《中國現代文學史》、《中國文化叢說》、《中國現代詩研究》等書。中文部門出版《韓中詩話淵源考》、《新詩論》等書。文學創作及翻譯，更多達四十多種。

老許重感情，曾規畫促請韓國筆會，邀約十位台灣現代詩人訪韓，十餘日活動，都由他陪同。每次來台北，一定與老朋友見面，他不在乎美酒佳餚，吃小館子更讓他暢心痛快，小菜幾碟，不能沒有豬頭肉滷豆干、花生米小魚乾……。最近一次來台北，某個上午他獨自在細雨下漫步師大路、和平東路、溫州街等處，回望舊日，不勝感慨；那是因為他的至友楚戈與商禽都臥病，而時光無情，把我們這伙人一個個帶入老境。

（原發表於二〇一〇年三月《文訊》二九三期）

方艮

本名劉善鎮，籍貫山東沂南，1934年10月21日生，1949年來台。台灣師範大學畢業，甲等特種考試及格。曾任教員、經濟部台鹽總廠科長、和信興實業公司經理、新竹玻璃廠機要祕書、光寶電子公司及旭麗電子公司主任祕書、漢東文化公司董事長、群光電子公司主任祕書，為中華民國新詩學會理事。現已退休。著有詩集《朝陽》、《水鄉》、《濁流溪畔》；散文《人生的錦囊》等。

應詩的召喚
——速寫詩人方艮

唯有詩是內心話

有極長一段時日，方艮在詩壇消跡，不見人亦不見其詩。大概在十年前，方艮的詩突又出現在報章詩刊，及至見到他的身影，問他，他說：

「我是應詩的召喚！」

方艮少我一歲，但因他甚早進入社會，所以在任何方面，都較我練達成熟得多。他少年時隨母逃離，十七歲到台灣，落腳南部。由於兄長在軍旅，粗菜淡飯勉可度日，心中總是不安，遂在從軍不得後做小工，並在母親鼓勵督促下半工半讀。經數年努力，得以進入成功大學商學院修研會統學科，終於先後通過資格檢定考試，普考與特考，取得小學教師資格。

任教期間，接觸文藝，選擇詩為寫作對象，認為詩形式單純，最能排遣心中積悶，當然也不免強說愁。

一說到詩，這位歷經商場風險的詩人精神陡然振奮，他說：

「萬萬沒有想到，我初期的作品，竟得到紀弦與覃子豪兩位前輩的賞識，在他們的詩刊上發表，這給我的鼓勵很大，我立志要做一個詩人，但是——」

但是，僅僅十年——從民國四十年中期到五十年中期——方艮在詩壇揮灑一番之後即告消跡。他經商去了，並且在商界多次翻滾，幫了多家公司多位商業人士的忙，成就了他人事業，自己卻兩袖清風，在十年前又回到詩壇。

談到這番一般人少有的經歷，方艮似乎有許多感慨，卻又欲言猶止。我希望他一五一十寫出來，留給兒孫參考，他說：

「時代不同了，我的下一代、下下一代，用不著我這一套老舊的東西。倒是寫詩，真正能宣洩心事，留下些可久可長的內心話。」

話題又轉回來，方艮視詩為「內心話」，頗得我心。我說：

「你最近一年來，無論在報紙、詩刊發表的作品，我差不多都讀過，留下很清晰的印象；就因為那些都是你的『內心話』。」

「難呀！辛鬱，」方艮接口說：「你不知道人到晚年，多麼不想剖白自己啊！我這些詩，都不如當年寫的。」

我沒接話，方艮沉吟片刻，低聲說：

「當年的異想綺思，當年的熱情奔放，現在都沒了。」

「但是你現在很實在，真誠，」我說：「你不覺得嗎？實在、真誠，才是我們這群不甘心丟筆罷手的老傢伙所要表達的呀！」

方艮似乎認同我的說法。於是我建議他拿當年在商界追浪逐波時期的真切感受作素材，寫一首長詩；因為這樣的詩至今尚未出現。他是否接受，恐怕還得找機會再跟他做一次長談。

年少時的澄明與老練

方艮早年的詩，如同我們幾個還在寫詩的前行代詩人一般，大體上都以個人生活與周遭環境相結合後所產生的感覺為抒寫對象，詩中總不免「茫然」、「無依」、「失落」、「空虛」、「飄忽」、「黯淡」等資材；為自己的未來，在詩中作了「無定」的設想。

譬如他記憶中的第一首詩〈生命〉：「哦，生命的方位未知／竟窺見重重歲月與歲月的交點／以及時間的淚痕斑斑／子夜靜悄／鐘，擺著」。從詩的語言結構來說，方艮以十九歲的青澀心情，已能有這般老練的表現，實為不易。但僅僅十九年的生命，怎知「方位未知」？怎「窺見重重歲月與歲月的交點」與「以及時間的淚痕斑斑」？

就是這樣起步，方艮在十年間寫述青春迷惘的種種，其中或有對時代的深度批判作品如〈迷失的時代〉；但此詩語多艱深。

從旁冷觀，方艮對過去十年似乎極為依戀，認為復出後的作品，已難覓舊日光景，我問他「舊光景」指的是什麼？他說：

「想像力呀，還有那種澄明的感覺，來得快，去得也快的感覺，一瞬間讓人眼睛發亮，腦子清醒的那種感覺。」

我說我也有過那種「感覺」，但如今想來，那感覺不是澄明的，或使腦子清醒的。那不過是年輕時的浪漫情懷，與一種虛幻情境交錯而生的瞬間錯覺，或有說不清的詩意與朦朧的甜美；卻什麼也不是。

1999年，交誼40年的文友在台北合影。左起：彩羽、丁穎、周伯乃、方艮。

峰谷迂迴的俗世經歷

與方艮相識在台大醫院。在這之前，我曾聽好友楚戈告知，詩壇出現了第二個許世旭。怎麼會呢？老許是韓國人，難道他有一個孿生兄弟，也到台灣來念書？楚戈為我解謎，說這位「許世旭」叫劉善鎮，筆名方艮，寫詩很有味，但不同於老許風格。

從那時開始我就等機會想見見這位像許世旭的台南詩人，想不到竟會在台大醫院前輩詩人覃子豪的病房裡發生。

從五十年五月子豪先生發病，我就常到台大醫院與楚戈、商禽、瘂弦、洛夫等輪班照護這位孤身的前輩。這天是六月中，烈日炎炎，我一早從林口搭車，十點趕到病房接商禽的班，一進門看到「許世旭」，覺得奇怪，就問：

「咦，老許，你怎麼來了？」

那位「許世旭」聞聲吃一驚，回頭看我，我這才看清，他有些微不像許世旭。但不容他自我介紹，我喊著「你是方艮」，就伸手與他交握。

這一幕，方艮始終沒有發出聲音，等他張口「喔」出聲，坐臥病床的子豪先生已經微弱的笑出聲，指著我對方艮說：

「他就是我剛才同你講過的辛鬱，你們可以交個朋友。」

我與方艮放開互握的手，商禽適時走進，指著我說：「第二個許世旭，你看像不像？」我仔細打量，猛點頭說：

「真像，連髮型都像，背面更像，不過，方艮比老許高一些。」

這麼著與方艮交為朋友，雖然他長期在商界，我還是把他列為「我們這一伙」；因為他的性情、談吐、動作，乃至作品，跟我們這一伙沒什麼差異。

方艮經商長達三十年，民國五十年代底，他得企業家蔡克寬知遇，進入工商企業服務。首在和信興公司，從祕書職務開始，憑著在成大商學院所學，逐級升遷。經由機要而到副幕僚長。及後轉職新竹玻璃公司、光寶電子，均任幕僚長，由於工作繁忙，終於放棄寫詩。

離開光寶電子，方艮加入群光電子公司，任執行長，長達十七年，協助公司負責人使資產大量增進，所生產的電腦鍵盤稱雄市場，一度被視為生產王國。方艮自身也充實了相關知識，當財富累積到一定程度，遂興念自行創業。

然而「創業維艱」，方艮雖然在光寶集團、群光電子公司做出不少貢獻，也學到不少經驗，但抽身獨創事業，卻非易事。特別是兩岸開放往來，互通有無之後，許多人都對大陸市場充滿幻想，方艮也難免。他有一筆大投資，在黃山旅遊勝地辦餐旅事業開大飯店，名為「樓上樓」，結果卻因用人不當，估算失準，慘賠台幣數千萬；真是不幸跌下樓。

談起這些「傷痛」，方艮長嘆一聲，說：

「辛鬱，我要是早早想到有這結果，真該捐點錢出來辦一份聯合詩刊；我記得你曾經跟我說過，想辦這麼一份詩刊。」

期待一首回眸前塵的敘事詩

於是，話題又回到寫詩。

方艮有一首詩，是為韓國光州市與他早年所居的台南市，結盟為「姊妹市」所寫的。當時請許世旭譯成韓文，並在光州市結盟代表團到台南市訪問時朗誦。在這之前，「青年

方艮從商前曾在詩壇留下數部作品。

寫作協會」擴大舉辦年會，方艮應朱橋之邀到台北市參加。當時楚戈等人都在場，方艮一進門，大家都以為許世旭來了，忙著打招呼，只有朱橋心裡明白，他不是許世旭，後來楚戈發現這個「許世旭」怎麼只有半個月不見，一下子長高了呢？才弄明白這個「許世旭」乃方艮是也，但每個人心裡幾乎都在想，一中一韓兩國人，怎麼會長得如此相像？

我們曾起鬨，要方艮與許世旭結拜兄弟，但無下文。

方艮從商時期，我與他難得見面，復出寫詩之後，幾乎每個月見上一面。我欣賞他近作的表現，見面總說；你在××上面的作品寫得好，嘲弄諷刺不帶火氣，筆調辛辣中見溫情，這才是我們這種年齡該發掘的素材該寫的詩。我指的是去年九月十八日發表在《人間》的〈個性的風〉，但方艮不以為然，他認為近期寫的詩不如早期寫的，似乎一直在追懷年輕時候的自己。

對於這種心態，我無言以對。然而，對他以從商經歷寫一首敘事長詩，我會一直期待。

（原發表於二〇〇九年十二月《文訊》二九〇期）

辛牧

本名楊志中，另有筆名楊辛牧，籍貫台灣宜蘭，1943年12月14日生。省立羅東中學畢業。曾任職於台塑關係企業總管理處，主編《台塑企業》雜誌，後自行創業，為格榮興業公司董事長。曾參與「創世紀」詩社，1971年與林煥彰、喬林、施善繼、蕭蕭等共組「龍族詩社」。現任《創世紀》詩雜誌主編。著有詩集《散落的樹羽》、《辛牧詩選》。

寄情託意
——素描辛牧其人其詩

如一首抒情小詩

辛牧年輕的時候是一個英俊小伙子，一臉可愛的笑容。好像一首抒情小詩寫在臉上，很引人注目。

他很早就以〈風〉這首詩為主的一系列作品，得到文協年度「優秀青年詩人獎」（一九六七年）。榮幸的是，在文協的評獎會議上，我以《創世紀》詩社代表，予以推薦；似乎頗有「識人之明」。

但是那時我還沒有同辛牧見過面，我只覺得他這辛牧筆名，從我「辛鬱」與我友「沙牧」筆名各取一字，很有意思；彷彿他與我們很熟。事實當然不是如此，但這多少有那麼一點「緣」，才讓我們因詩而相識相交。

與辛牧見面是在《龍族》詩社組成的一九七一年，在國軍文藝活動中心，張默為我們引見。那時他頗為帥氣，在台塑企業工作，據說極獲少主賞識，待之如親信。何況詩寫得勤，也甚獲好評，所以行色上似乎有那麼一點自得。我這人素來有些「冷肅」，話不多，加上兩人有一段年齡差距，所以首次見面後沒有繼續交往。

後來我搬家進住瑞安街某巷，某天上菜市場，竟碰上辛牧在一個我常光顧的肉攤前，正同老闆論斤計兩，我喊他一聲，他吃了一驚，回頭一看，叫出聲：

「辛鬱兄，怎麼會是你？」

我說已搬家進住瑞安街某巷兩個多月了，他立刻回應：「我家也在瑞安街。」

就這樣，我們有了較多次往來。

大陸學者白楊來台搜集研究《創世紀》詩社的資料，與《創世紀》詩人合影。左起：辛牧、張默、管管、碧果、白楊、丁文智、辛鬱。

他那時在台塑公司總管理處，主編《台塑企業》雜誌，據說是他把文藝氣息帶進這份雜誌，使原先較為硬性的風格加上了水分，可讀性大增，上層很滿意。

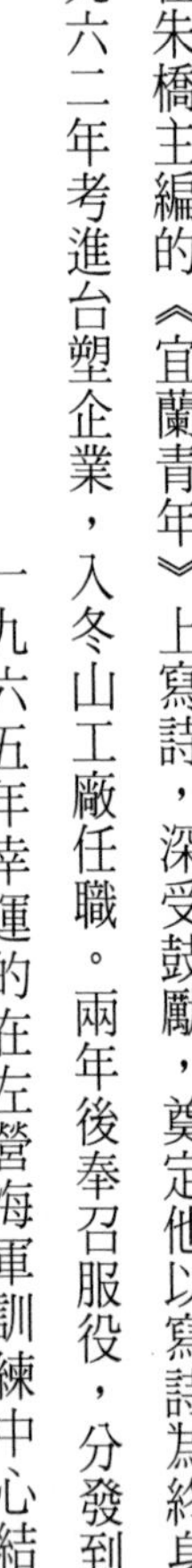

辛牧最早在朱橋主編的《宜蘭青年》上寫詩，深受鼓勵，奠定他以寫詩為終身志業的厚實基礎。一九六二年考進台塑企業，入冬山工廠任職。兩年後奉召服役，分發到海軍，一九六五年幸運的在左營海軍訓練中心結識張默——他當時擔任輔導長，恰是辛牧分發到位的連隊。他對辛牧毫無官架子，開口閉口都是詩，辛牧卻由於一是軍官一是兵，有點膽怯，不敢高攀。張默則不分彼此，一再鼓勵辛牧為《創世紀》寫稿。

經此鼓勵，創作量大增，不久就榮獲文協頒發的「優秀青年詩人獎」；其時他已服役期滿，重回台塑宜蘭廠。

1994年《創世紀》創刊40週年酒會，部分「龍族詩社」同仁合影。左起：蕭蕭、喬林、辛牧、施善繼、林煥彰。

詩壇二牧

一九六八年初調職台北市，受命接編《台塑企業》雜誌。

初到台北，人生地不熟，只好找到小學同窗羅明河在信義路的租屋，暫時窩身。說到羅明河這位詩人，辛牧甚為他的時運不濟、懷才不遇，感到惋惜並於心不忍。他認為羅明河很有才華，勤於寫詩，而且是一位好編輯，當年幫朱橋編《幼獅文藝》，幹得有聲有色。

在羅明河的引介下，他認識了沙牧與曠中玉兩位嗜酒的詩人，四個人常常相邀小聚，在中華路「開開看」、「三友」等小吃館，點幾碟小菜，人各一小瓶竹葉青或高粱酒，痛痛快快喝著吃著，三口入喉，話多起來，從談時局論人事開始，然後進入高潮，以品評當代詩人為能事樂事；我有時也參加這樣的酒局，如果再加上詩人周鼎，就更熱呼了，被品評人物幾乎被說著說著來到眾人眼前，也端杯猛灌，品評起自已來。

這樣的酒局維持到沙牧南下告一段落。對辛牧來說，「詩壇二牧」的話頭，如今雖已成絕響，但每一想及念起，彷彿有一股酒香撲鼻。「好耶，他奶奶的！」沙牧似在遠處叫嚷。

談起沙牧，辛牧沉聲說：「我對不起沙牧！」

我問何故?辛牧說：

「他在第二殯儀館的告別式，聽說辦得很有意義，我卻缺席了。」

聲音頓住，他想了一會兒，又說：

「我覺得沒有面子去看他最後一面！」

這話很嚴重，我再問何故，他清晰的說：

「有一年，他到台塑找我，我正在開會，不得脫身，他等不到我散會就走了。後來我聽說他是急著找錢付房租來找我的。我連這點小忙都沒有幫上，能不慚愧嗎？」

辛牧是性情中人，很在乎朋友之間的互相幫助與照顧。同時他看不慣有些人只顧自己，一涉及公益或自我犧牲就退避三舍，甚至不屑為之；這類人在詩壇也常現身，他非常瞧不起。

龍族與創世紀

一九七一年是辛牧寫詩的高潮期，他並且參與「龍族詩社」的籌組，與蕭蕭、陳芳明、施善繼等人為《龍族詩刊》盡心盡力。一九七六年《龍族詩刊》停辦，辛牧對寫詩幾近擲筆，有了退出詩壇的念頭。他深感詩壇紛紛擾擾，利害衝突甚於純粹專業的創作，因此形成完全孤立的狀態。以《龍族詩刊》為例，它一開始極富理想性，吸引不少大專同學的注意，尤其製作對《十大詩人選集》的調查分析，做得十分客觀公允，甚獲佳評。但這種客觀精神並未長期維持，編輯人難免有個人觀點，於是，爭論就發生了。詩刊停辦，一方面雖然是讀者群流失，一方面卻是爭論不息，詩刊始終未建立中心宗旨。辛牧認為，宗旨動搖，是他最失望的地方。

幸而那時有《台塑企業》雜誌，不論這份雜誌僅僅只是一個企業的代言者，就人文含義來說，範圍較狹，涵蓋面小，所擴散的效應便也有了局限。但辛牧非常投入，這不僅是一份職業，保住飯碗，也是一個使命；他希望透過這份雜誌，使台塑人的人文涵養多一份色彩。

辛牧在《台塑企業》雜誌主編職位上，度過了九個年頭。在這段時間內，默默觀察學習，多少學會些經營塑膠原物料內外銷業務的技巧與方法，於是，他向公司申請退休，並自行創業，投入塑膠原物料內外銷市場，自己當起老闆。

這期間，他離詩甚遠，忙著進貨出貨，跑銀行軋頭寸，調度工作人員等等，每天累得喘不過氣來。更何況，整個大環境在變，原物料工廠及大批發商，看準了趨勢，紛紛朝一個更大的，但也許基盤並不穩固的市場轉移。

中國大陸的改革開放，吸引了大批台灣商人要去一探究竟，這是大趨勢，辛牧除加緊腳步適應，無力抗拒。

但是，訂單外移、資金備位加重、壞帳增加等主客觀壓力，接踵而來，辛牧再也支撐不住，遂於一九九七年結束營業，據說虧損累累。

算一算，也是九年。

兩袖清空的辛牧，這才又回到詩的領域。

他首先接觸《創世紀》，認為這份詩刊的稿件來自各方，足見編輯方針的客觀公允。當然，另一個原因是這份詩

辛牧寫詩不會弄些澀字拗句，重在清朗暢達。

刊有幾位令他尊敬的老詩人，寫詩幾十年，常保赤子心，待人親切不搭架子，他樂於接受這幾位老詩人的薰陶。

「我對他們的熱忱、開放、無私，對詩投入的專注、敬業，特別敬重。」

辛牧這麼強調。然後又文謅謅的加上一句：

「他們感染了我。」

就這樣，辛牧加入了《創世紀》，更由於家在內湖，與張默家距離不遠，而成為張默的助手，擔任編務的執行。辛牧的校對工夫是一流的，所以他的加入編輯部，可說是替張默分勞。

寄情託意，是辛牧詩作的特色。他在語言技巧的掌控上，不像當前部分中繼代詩人，喜歡弄些澀字拗句，而重在清朗暢達。這大概是在長期主編《台塑企業》雜誌之後，久經磨煉所致。

去年他有《辛牧詩選》的出版，礙於長期以來詩集與詩刊的滯銷，加上發行管道不夠普及，使詩集雖然叫好，卻不叫座，十分令人惋惜。

（原發表於二〇〇九年七月《文訊》二八五期）

張堃

本名張臺坤，籍貫廣東梅縣，1948年4月23日出生於台北。空軍通信電子學校畢業。曾任空軍軍職、貿易公司總經理，與友人創辦《盤古詩頁》、《暴風雨》詩刊，為「創世紀」詩社同仁，現旅居美國。著有詩集《醒・陽光流著》、《調色盤》。

《盤古詩頁》為張堃、沙穗、連水淼、鄧育昆等人精心策畫的摺頁型刊物。

予人以內心的率真

——略說張堃

二十六年前，在台北市內湖區行政中心附近的一家餐館，張堃請張默與我吃海鮮。一大杯生啤酒入喉，情緒微變，他談到了遙遠的非洲，有一個叫奈及利亞的國家，鬧軍事政變……。

聲音突然一頓，然後提高幾個分貝，加速說：

「我他媽的倒楣，幾十萬美金全賠了進去！」

張默與我同時站起身，驚問：

「全泡了湯？」

張堃點點頭，招手要我們坐下。在為我斟酒時，我傻傻的說：「那你還請我們吃這一頓！」

「找你們訴苦呀！」他帶笑說：「你怎麼樣，陪我喝個痛快？」

那晚上，他沒有醉，我反而醺醺然，慢慢晃到家已時過半夜。

初入詩門

張堃是條爽快麻利的漢子，在廣東人中不多見。同他結交，我們開始時有年齡差距，久了，也就稱兄道弟起來。

他從商經驗豐富，自進入外商公司，專職商品的推展企畫，兩年時間內經常在世界各地奔走，不但學得各種推銷技巧，增長了見聞與外語（以英語為主）能力，更交了多位異國朋友。兩年後自行創業，專營電子產品外銷中東與非洲國家，每年有三分之一時間在國外開拓市場，致使公司業績倍增，更在商務旅行中多方面觀察，對寫作旅遊詩有極大催化作用；而在那段時日，他以旅遊詩為詩友所稱道。

談到張堃的寫作歷程，他曾在台北縣立汐止中學受教於王鼎鈞先生，對於王先生，他始終心懷感激。及後，在基隆高中時，他家對面搬來一位作家——俞南屏，當時俞先生剛從軍中退役未久，在待業期間心情鬱悶，有嚴重憂鬱症傾向。俞先生得知張堃是個文藝初入門者，就傾囊相授，把許多藏書如《戰爭與和平》、《安娜卡列麗娜》、《約翰．克利斯朵夫》、《獵人日記》等，借給張堃閱讀，還指導寫作技巧，奠定了張堃作為一個現代詩人的寫作基礎。

一九六〇年代，不論在社會或高中（職）以上學校，由於經濟條件的改善，各類藝文活動漸漸興起，例如畫展、音樂會、文學寫作研習活動等。特別是在人們活動頻繁的城市，除了上述的活動外，書店也多了，書架上的藝文類新書更是醒目。張堃那時念高中一年級，在這股風潮的催動下，得助於王鼎鈞與俞南屏兩位先生的啟蒙及教導，終於抓起筆桿，開始塗鴉。

他最初的作品，是多則數十行少則數行的現代詩。他說：「我讀過紀弦的《檳榔樹甲集》、覃子豪的《畫廊》、周夢蝶的《孤獨國》、白萩的《蛾之死》、羅門的《第九日的底流》等，五花八門，各有各的特色。但坦白說，不是完全能夠接受。儘管如此，我還是放膽寫了起來。」

當然，張堃的習作不曾引起太多注意。不過，由於寫作投稿，學校發現了，就指名代表校方，參加「救國團」主辦的藝文活動，與「青年寫作協會」的文藝座談會。

創辦詩刊

這些歷練，壯大了張堃的膽識，所以當他進「空軍通信電子學校」受訓，很快就與興趣相同的沙穗、連水淼、鄧育昆等人交往。

當時這幾位詩人一個個雄心萬丈，構想創辦詩刊。果然，當他們從「空軍通信電子學校」結業，分發空軍各單位服務後，經由幾次討論，一份精心策畫的《盤古詩頁》出現詩壇。

「盤古」開天地，口氣不小，但經嚴格檢驗，它需要改進，或者改變面貌。於是，又

2008年11月15日，文友於時空藝術廣場聚會。左起：瘂弦、張默、辛鬱、徐瑞、洛夫、管管、葉樹奎、辛牧、丁文智、陳素英，前坐者為張堃。

2006年冬，張堃於台北參加「創世紀」詩社雅集。左起：辛鬱、張默、碧果、陳素英、隱地、丁文智、張堃、商禽、落蒂、龔華、管管。

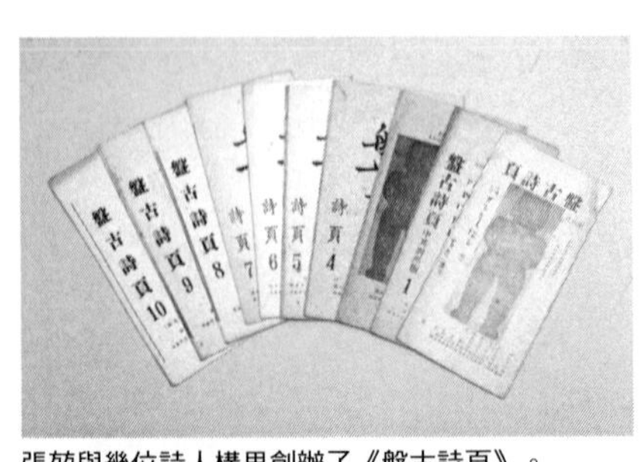

張堃與幾位詩人構思創辦了《盤古詩頁》。

張堃的詩呈現了詩人對生命的追求與探索。

是多次討論，新面貌的《暴風雨》詩刊出現了。

《暴風雨》來勢洶洶，然而難以持久，當大伙脫掉軍服，各奔前程，《暴風雨》忽焉停止；詩壇依然如故。

辦刊物不易，退役後謀生擺上首位，張堃進入商圈，很快到位，從新手轉為老手，一年多時光沒有白耗；再過幾個月，他自己創業了。

我是在《暴風雨》詩刊發現張堃，又在《創世紀》詩刊及羊令野主編的《詩隊伍》（《青年戰士報‧雙周刊》），進一步讀他的詩，加深印象，於是寫了張明信片去。

我說：「讀你的詩，很受感動，因為你寫的，是我多年前，像你一般年齡在金門駐守時想寫，卻因為砲戰而未曾寫述的情懷，有一點愁緒有一絲悲涼，屬浪漫且又寫實，最好的部分是人情溫馨。」

不記得張堃有無回信，我們就這樣相知相惜，成為「這一伙人」之一。

惜情重義

張堃後來加入《創世紀》，一九八〇年代初出版處女詩集《醒．陽光流著》。他因為生意上的需要，常常出國，但每次回來，一定相約找館子小聚。

他對吃頗為講究，找的館子一定有跟別家不一樣的拿手菜，張默與我有口福。有時約大荒、羊令野、碧果等聚餐，半醉之後齊赴國軍文藝中心三樓品茗，天南地北的窮扯瞎聊。張堃話不多，偶爾以他經商經驗插幾句，別有一番道理。他主張詩要寫到溫和、柔雅，這並非女詩人特有，大家都有安舒靜美的一面，所以，溫和柔雅並不會影響詩的氣勢；詩的氣勢在於人性的散發！

有多次聚餐都是他或羊令野付帳，直到一九八三年他生意做垮，羊令野腳疾不出門。

一九八八年我們一伙人結伴返鄉探親，張堃亦在其中。行前說好先各自回家，掃墓或跪倒爹娘面前痛哭，各行其事。然後以杭州為第一站，開始參訪活動。張堃那時英俊瀟灑，頗得當地女詩人傾心，令我這杭州人心中很不是滋味，一笑。

過上海訪北京，制式活動後我們一同登長城、訪地下宮殿、逛密雲水庫，幾天下來，兩條腿肚酸痛不堪，張堃年輕，所以在訪北京大學、遊故宮、胡同尋趣等活動中，只見他健步如飛。回台後，他的記遊詩寫得十分動人。

張堃於一九八九年舉家移民美國，是對台灣往後歲月中的亂象有先見之明嗎？當然不是。他是為了有適當工作，及兒女有個自由自在的教育環境而出走。臨行前，好友相送，在「北京樓」聚餐。常常情不自禁顯露傷感之色的大荒，在飯後喝茶閒談間，低低的哼出

「長亭外，古道邊……」眾人聞聲，無一應和，只見張堃從席間站起，走近大荒，拍拍這位安徽才子的肩膀，低聲說：

「大荒老哥，現代交通發達，一天就可從美國回來，我不會離別太久，一定會來看望諸位老哥。」

張堃重情義，這些年，他已回台多次，訪老友，結新知，加上他的詩常有報刊發表，所以對我來說，他似乎不曾離開過台灣；因為，即使在台灣，如果沒有交情，恐怕十年也難得見面。而交情的互換互通，則歸之於詩，歸之於我們這一伙人對詩有共同的信念。

二〇〇二年我們一伙有河南及山西行，張堃那時在大陸某地經商，特地趕到鄭州與我們會合，共遊河南各勝地名景。在「少林寺」前留影，大家擺出武俠姿勢，張堃姿勢雄武，應最入鏡。但不知那張照片在那一位旅伴的相機裡冬眠；因為這鏡頭至今未曾出現。

兩年前，張堃出版第二本詩集《調色盤》（唐山出版社）。在書末後記〈也算詩路歷程〉文中有言：「詩是一種追求，一種探索。那麼，我的作品在一定的程度上，保留了生活的記錄，呈現了對世界的熱愛與希望，應該也算是我生命中追求與探索的一部分。」

張堃在詩創作的追求與探索中，確實掌握了——個人生活記錄及對世界的熱愛與希望這兩條脈絡，因此他給了愛詩人的是：他內心的率真！

（原發表於二〇〇九年十月《文訊》二八八期）

方明

籍貫廣東番禺，1954年7月28日出生於越南堤岸，1973年來台。台灣大學經濟系畢業，巴黎大學貿易研究所榮譽文學博士。曾參與創辦「台大現代詩社」，為創世紀詩社、藍星詩社同仁，乾坤詩社顧問。曾任新詩寫作班指導老師、詩刊編輯等。現擔任創世紀詩社社長。曾獲世界詩人大會頒發榮譽文學博士、中國文藝協會文藝獎章。著有詩集《病瘦的月》、《瀟洒江湖》、《生命是悲歡相連的鐵軌》。

（照片提供／方明）

他的人生歷程與他的詩

——素描方明

現代詩社的儒生詩人

一談到台大「現代詩社」，就會想起苦苓、詹宏志、廖咸浩、天洛、羅智成、楊澤、方明等這幾位才華橫溢，作品各具風貌的學院詩人。他們是組成台大「現代詩社」的基本成員，也是骨幹。來自不同科系，卻在繆思的號召下相聚一社，辦起詩刊，並且把它辦得有聲有色，甚至跨出校門，成為大學生辦詩刊的佼佼者，引發多位知名社會詩人的重視。

在這幾位青年詩人中，極為特殊的，是具有儒生身分的方明。他不但勤於創作，也在學校舉辦的文學獎中，榮獲兩屆散文與新詩獎項，一時成為他就讀的法學院經濟系的風雲人物，同時獲得前行代詩人羊令野賞識，在主編的《詩隊伍》雙週刊多次刊出他的作品。我就是透過《詩隊伍》，接觸方明的詩，並經由羊令野介紹相識，在台北市「陸羽茶藝」或「曲園餐廳」小聚多次。

方明不多言，亦不善言，每次聚會，他總是默默的坐在一側，聚精會神的聽羊令野、于還素、彭邦楨等前輩們談詩論藝話書法。偶爾與我閒話幾句，也只是詩的種種，極少談及他的生活與來台的情形。

羊令野非常看重方明，曾經將方明一首獲獎的詩書成橫軸並裱褙送贈方明。數十年後，方明由青年邁入中年，經識了人生艱辛，終能以一個成功的商界人士身分，返歸台北。這期間，他一直攜帶著「令公」墨寶，直到二十一世紀初重返現代詩壇，置產設「方明詩屋」，才將這幅墨寶懸掛在牆，成為詩屋一景；此舉足見方明感念師恩之深。

以純真與前行代相交

方明是越南僑生，我是在他出版第一本詩集《病瘦的月》之後，才知道的。當時，曾細讀他的作品並在《詩隊伍》上寫一短文，可惜此文早已不存。如今依稀記得，文中先對方明出版處女詩集表示祝賀。然後對他以越南僑生身分，竟能有深厚的國語文寫作基礎與能力，表示驚異與感佩。最後談到作品中所表達與呈現的內涵，似乎有一種「超齡」的現象；也就是說，作品有些深澀與難解。

民國九十年方明重返現代詩壇，說來有些偶然。那是台北市國際詩歌節舉辦首日，市政府大廳有一場規模龐大的展覽。在隆重的開幕式之後，來賓與受邀的詩人們開始觀賞展覽品，行經某塊看板前，方明與張默碰上了。

詩人們合影於聚詩軒。左起：方明、洛夫、張默、丁文智、瘂弦、辛鬱。

多年不見，居然還認識。方明似乎有些緊張，熱情的張默立即把他拉到一旁，探問別後究竟。就這樣，喚醒了沉睡在方明心中的詩魂，張默不但邀他為《創世紀》詩刊寫稿，還告訴他，某月某日某時，在台北市大安森林公園，有一場別開生面的詩人聚會，管管、商禽、大荒、碧果、向明、魯蛟、辛鬱等都會來參加。「機會難得，你最好能來。」

這日子到了。大安森林公園演藝台前，分別坐著、站著十來位詩人。經張默說明，他們是為慶賀前輩詩人紀弦的自傳出版而來，拍照留影，以便寄請老詩人瀏覽，並遙祝老詩人長命百歲，創作源源不絕。

方明躬逢其盛，興奮而又激動，一

時竟結結巴巴，話不成句。等到大家弄明白他要請大家喝咖啡，方明已脹紅了臉。

選了一家離大安森林公園不遠的漢堡店，喝美式咖啡，方明似乎又有點緊張起來。喝了咖啡，未做太多交談，大伙兒就散了。方明的收穫卻多，他一下子就與多位前行代詩人交上朋友，同時，張默邀請他參加《創世紀》詩社。

致力於刻劃生命的根屬

我把方明列為「我們這一伙人」，是因為方明也屢經苦難，嘗過戰火的滋味。他出生在越南堤岸，華人社會的淳樸風氣，培育了方明為人的誠懇厚道。尤其華人社會對故國文化的重視，在教育過程中充分顯現；方明的國語文能力就在那時扎根，到台灣念大學時才能應付自如。

方明心思細密，他說：這得力於初中與高中教育。那時的越南雖然戰火不熄，西貢政界不時生變，但對堤岸華人社會還沒有太大影響。方明說，也許我有點早熟，堤岸有十幾份華文報紙，我幾乎每份都看，特別是文藝副刊。

那時越南政府規定所有華人要入越南國籍，兵役年齡的國民都要從軍，在教育上，中小學可以一半中文一半越南文，但大學必須全部越南文。方明的早慧，促使他在中文方面的學習特別專注、投入，而外界的擾動，更引發他多愁善感；這就埋下了從事文學寫作的種子。

與大多數青少年戀上文學寫作無異的是，方明一開始動筆，就以在青稚心靈上被認為簡單的詩，或訴述少年情懷，有些強說愁的散文為對象。他先以越南文寫，之後才以中文。他說：用中文寫作，感覺它才能真情吐露，說心中話，作靈魂傾訴。

當然，那些稚氣的作品拿到現在來檢討，除了真情以外，其他都不很成熟。但那真情，如今卻難以掌握，難以全然而清晰的傳達。

方明感慨的說，人要保持生命清純的色調，談何容易。我說，這其實也不必再去追索，往前看，生命之火還是會燒燃。

但是方明對早慧期的作品，由於戰亂未能留存，一旦談起，不免有些依戀與感喟。我想，這大概出自於生命的根屬。方明在近年的作品中，文字成熟許多；他那執意地刻劃生命根屬的可貴，是許多與他同時期詩人作品中少見的。

期待興辦詩的圖書館

在越南，寫作的起步，除自身興趣與感悟外，外來的影響則源自兩份刊物；一是香港的《當代文藝》（徐速主編），一是台北的《幼獅文藝》（瘂弦主編）。方明說：這兩份文藝刊物，在越南華人社會，擁有許多讀者，每期兩千本一擺上書攤，十天之內就搶購一空。

讀《當代文藝》，方明的第一篇寫海的散文，也登上了《當代文藝》；那時他才十五歲。後來，他進入一位謝先生辦的國文補習班，學習寫作技巧，特別是新詩寫作。補習班有不同年齡的學員一百五十多人，可見越南華人社會學習風氣之盛。方明說：當時在堤岸有許多舊體詩社，一群群華人耆老互相切磋詩藝，經常有吟詩集會。尤其是端午節、中秋節吟詩，在印象中，似乎比台北還熱烈。

但是，戰火正熾，方明也快到兵役年齡，於是高中一畢業，便經由家人同意並安排，經過千辛萬苦，以觀光名義來到台灣。

畢竟只有十八歲，畢竟台北是個完全陌生的地方，方明濃重的廣東腔國語，如果不矯正，別人很難會意。於是，他進了設在台灣大學對面的補習班，一面把國語學好，一面充實理科知識。然後經由考試，入讀台灣大學法學院經濟系。

說來真不簡單，進台大不久，他以一個僑生身分，在國語還說不純熟的情況下，居然敢參加「台大文學獎」；不但參加，居然還得了獎，一得還兩獎（散文與新詩）。

如此便引起同學注意，其中有苦苓、詹宏志等人，相識後，就有了台大「現代詩社」的創立；同時間台灣詩壇出現了多位才華橫溢的青年詩人。

方明大學畢業後，經濟來源完全中斷，越南赤化，一家人陷入苦海。方明一面在出版社工作，一面多方奔走企圖營

2007年，方明（左）赴美採訪詩人紀弦。

方明詩作有著他對人生的許多感喟。

救家人。幸而其時政府推出「仁德」專案，方明寫信給蔣經國先生，幾經周折，終於蒙政府准予列為專案執行對象之一，從難民營接回家人來台。但生活困難，在台北市辛亥路三段公墓旁租屋暫獲安頓。

家人暫獲安頓，方明喘息之餘，仍一面工作一面寫詩，不久在一個機緣下遠赴法國進修並就業，憑著苦幹實幹，經過十多年奮鬥，終於成家立業，開創了自己的一片天地。其間，還不忘克盡孝道，將父母弟妹的生活，做了妥善的安排。

方明在五年前出版第二本詩集《生命是悲歡相連的鐵軌》，內中多篇詩作對人生有許多感喟，這心境讓我看到方明深沉的一面，但我說不上喜歡與否。

我喜歡的是，方明的詩應趨向明朗、趨向開闊。因為，他經過多年歷練、奮鬥，已經描繪出自己的生命圖像，可資一般年輕人參考。我希望他不但寫詩不輟，如果行有餘力，就早早把詩的圖書館辦起來，讓荒蕪於詩的台北社會一角，得到些美善的滋潤。

（原發表於二〇〇九年五月《文訊》二八三期）

我這個人
——《我們這一伙人》後記

五日之內，接到兩位知交去世的噩耗，我全身為之麻木，一時間失魂落魄，手足無措。

商禽、許世旭，一長我三歲，一小我一歲；我們稱兄道弟已逾或近五十年。而商禽是四川人，許世旭是韓國人，如何與他們結為知己，我已在寫他們的各三千字中分別寫述。他們是我人生道上的旅伴，一路走來，我從他們身上學習，汲取他們的長處，補我的不足，所以我一直深懷感激。

我這個人，沒什麼特殊才能，資質一般，所以在前行代詩人眼中，只是詩花園裡一株開不出豔麗花朵的小花。不過我對人實話實說，能幫上忙就幫，能做什麼就做，所以紀弦與覃子豪兩位前輩，對我不藏私，給了我許多教導。只是我反應慢，腦子常打結，對兩位師長的傾囊相授，僅體會接受了十之四五。

朋友們處久、處熟之後，會發現我脾氣會突爆，所以不惹我的痛處。但大多時間，我很溫和，不怎麼喜歡說話、答腔或閒聊，除非有我喜歡的話題；譬如談吃。

「冷功」升級「冷公」，多半是因上述情況而得名。不過，冷歸冷，不會結冰結霜，拿一張自以為了不得、或不得了的臭臉給別人看。

喜歡唱小調，有的是聽來學會，有的是瞎編，好在朋友十之八九喜歡聽；特別是在聚餐的熱鬧場合，幾杯白乾入喉，興致大好，嗓門大開之後。

愛熱鬧喜歡交朋友，在一塊不管幹什麼，我喜歡在這些不同場合，冷眼旁觀，因而胸中堆積不少朋友們的是是非非；「我們這一伙人」的寫作材料，大多從此處來，此外，全賴朋友的自白。

基本上，我不從學理角度寫朋友，偶爾筆尖掃及詩的種種，會有一些「私見」，用辭用字判斷意味重，可能不準確；但純屬我最真切的看法。至於每一位被寫朋友的個人成長、奮進的種種，間或有感情用字，難免缺失、遺漏處，在此向各位告罪。

我這個人十六歲棄家跑出來闖蕩，本想與同學去延安，學習所謂「革命本事」，卻在上海市北火車站，看到一塊「免費遊覽北平」（其時為北平，現為北京）的立牌，七個人經不起誘惑，一塊上了火車。到了北平就成了「國軍」一分子。

輾轉奔走，居然在六十年前的六月十八日，被搖搖晃晃的登陸艇載到豔陽高照的高雄港。一上岸就是六十個年頭，能說我不愛台灣嗎？至於我那六位上海同學，如今已無一來往。

高雄到彰化，在溪州、永靖、溪湖一帶轉來轉去，轉到和美才安定。在那裡最不能忘的，是借一所小學操場，接受孫立人式的「草坪運動」，兩個月下來，把我磨煉成真正的軍人。

後來部隊改編，轉到台中縣沙鹿，看守火車站，每晚上在轟隆、轟隆貨車行進中睡覺，腦子裡一團漿糊，又從漿糊裡擠出些小花小草石頭子來，那就是詩的原形。

就在那時，認識了做為長官的詩人沙牧。他是營本部情報官，官拜中尉，部隊未改編前是我這個突擊排排長。

有人督促、有人教，我終於踏上了寫詩這條路。

後來我也寫小說，長短篇皆有出版，也寫雜文與藝術評介。最勤耕的年代，在一九六五到一九七六年（我的黃金十年），我一面寫長篇《龍變》與《滴水穿石》，一面寫雜文（在《民族晚報》副刊連續寫七年），並又寫「讀詩札記」、「名著改寫」在《文藝》雜誌連載，同時參與「中華電視台」開台連續劇《男子漢》的編劇。

一九七〇年我接受《科學月刊》邀聘，加入傳播科學教育、促進科技發展的行列，以一個外行人，經辦發行、開拓、行政管理、協助規畫科教活動等工作，幹得不亦樂乎！

其間並與一群社會科學學者辦《人與社會》近八年，任主編並綜理行政雜務，刊物後來停刊收場，卻使我在多所接觸中，對社會科學各領域略有些認識。

我的寫詩歷程，則以參與《創世紀》詩刊編務為高潮，曾任三年總編輯，增加了編詩刊資歷及經驗。但作為《創世紀》會員五十多年，深覺寫詩這條路永無止境。

我喜歡吃小館子，如今因血壓高年歲增而戒，不過，偶爾還是會獨自蹓進一小館，來一碟紅糟醬肉或花生米燜豬腳；難忘家鄉味以示不忘本。

「我們這一伙人」所寫的，其中十四位已作古，他們每一位都在寫作上留下可貴的成績，值得我們懷念。至於還在繼續耕耘心田的朋友，在此除了表達我最崇高的敬意，並祝福他們活得更加硬朗，創作更為豐厚的傑作。

最後，謝謝《文訊》的工作群，在我寫此專欄時給予的支持與鼓勵。更謝謝《文訊》的讀者群，因為你們耐著性子讀我這樣的蕪文。

（原發表於二〇一〇年九月《文訊》二九九期）

文訊書系 5

我們這一伙人

作　　者　辛鬱
總 編 輯　封德屏
執行編輯　杜秀卿
封面設計　翁翁・不倒翁視覺創意
出 版 者　文訊雜誌社
100台北市中山南路11號6樓
電話：02-23433142　傳真：02-23946103
服務信箱：wenhsun7@gmail.com
郵政劃撥：12106756 文訊雜誌社
印　　製　秀威資訊科技股份有限公司
電話：02-27963638
出版日期　2012年7月 BOD一版
定　　價　200元
I S B N　978-986-6102-16-5

國家圖書館出版品預行編目（CIP）資料

我們這一伙人 / 辛鬱著. -- 一版. -- 臺北市 : 文訊雜誌社, 2012.07

面 ; 公分. --（文訊書系 ; 5）

BOD版

ISBN 978-986-6102-16-5（平裝）

1.作家 2.臺灣傳記

783.324 101013970